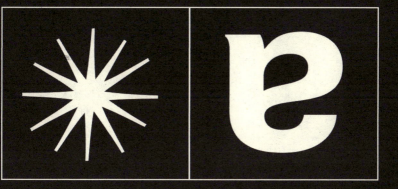

COLEÇÃO**RASTILHO**
DO ANARQUISMO AO PÓS-ANARQUISMO
SAUL NEWMAN

7
APRESENTAÇÃO
PÓS-ANARQUISMO E FALÊNCIA DA REPRESENTAÇÃO
CAMILA JOURDAN

23
PREFÁCIO

31
1. DO ANARQUISMO AO PÓS-ANARQUISMO

47
2. SINGULARIDADES

77
3. INSURREIÇÃO

99
4. VIOLÊNCIA CONTRA VIOLÊNCIA

123
5. INSERVIDÃO VOLUNTÁRIA

147
6. PENSANDO DESDE FORA

APRESENTAÇÃO
PÓS-ANARQUISMO E FALÊNCIA DA REPRESENTAÇÃO

Formas de vida; singularidades e insurreições em Saul Newman

Camila Jourdan (UERJ)[1]

> O anarquismo não é um conceito que possa ser encerrado numa palavra, como numa lápide. Não é uma teoria política. É um modo de conceber a vida, e a vida, sejamos jovens ou velhos, velhos ou crianças, não é algo definitivo: é uma aposta que devemos jogar dia após dia. Quando acordamos de manhã e pomos os pés no chão, devemos ter uma boa razão para nos levantarmos, se não, não faz diferença nenhuma sermos anarquistas ou não (Bonanno, 2006: 04).

A obra *Do Anarquismo ao Pós-Anarquismo*, de Saul Newman, desenvolve três ideias bases, relacionadas, que aqui gostaria de destacar como fundamentais para afirmar a atualidade do anarquismo hoje, ou melhor, para sustentar aquilo que o autor, neste e em outros trabalhos, conceitua como pós--anarquismo, e que nada mais seria do que um anarquismo pensado em sua interface com as demandas contemporâ-

---

[1] Professora associada do Departamento de Filosofia da UERJ, militante anarquista no coletivo ADEP e autora do livro: *2013 – Memórias e Resistências*. Rio de Janeiro: Circuito, 2018.

neas e no contexto da falência do paradigma representacional. Particularmente, Newman leva em conta a abordagem de autores pós-estrutualistas, como Foucault, Deleuze e Agamben, para cunhar um anarquismo que dialogue com o tempo presente, constatando-se que não estamos mais no século XIX e que o paradigma reinante não é mais de uma governamentalidade soberana. Deste modo, as respostas e resistências também precisam ser outras. É importante notar que estes elementos originários não são completamente estranhos ao que Newman identifica como anarquismo clássico, de Bakunin, Kropotkin e Proudhon. Trata-se antes de se fazer ver uma convergência e de se retomar outros autores ligados à tradição libertária, como Bonanno e Stirner, que permitiriam ao pensamento-ação anarquista dar conta do contexto social e político no qual vivemos, atualizando seus pressupostos tendo em vista as demandas novas e estranhas ao século ao XIX, tais como: sociedade de controle; crise das metanarrativas; falência climática e espetáculo tecnológico.

Trata-se também de um anarquismo anti-humanista e anti-iluminista, Newman parte da constatação da *morte do homem,* da crítica à própria ideia de uma natureza humana inata e universal a ser liberta, para uma abordagem libertária que constata a falência desse projeto de ser humano plenamente racional, ocidental e colonial, como constituindo também uma face da dominação. Neste sentido, não há o que lamentar com esta morte, nem buscar restabelecer as bases de um humanismo, mas de saber o que resta de vida a ser afirmada após sua total destituição.

Em geral, em nossa cultura o homem tem sido pensado sempre com a articulação e a conjunção dos princípios opostos: uma alma e um corpo, a linguagem e a vida, nesse caso um elemento político e um elemento vivente. Devemos, ao contrário, aprender a pensar o homem como aquele que resulta da desconexão desses dois elementos e investigar não o mistério metafísico da conjunção, mas o mistério prático e político da separação.

A primeira ideia básica relativa ao pós-anarquismo de Newman consiste em tomar a anarquia como conduta ética fundada no princípio pelo qual *os meios são os fins*. Não existiria o anarquismo, mas sim uma série de grupamentos e ideias heterodoxas e antiautoritárias, baseadas na administração direta e cooperativa da vida. Esta posição é bastante cara aos anarquistas originários visto que nela se baseava a recusa a um período de transição estatal da sociedade capitalista para a comunista, ou a utilização de qualquer organização autoritária para libertar os trabalhadores. Vemos assim que o primeiro princípio identificado por Newman no pós-anarquismo não é estranho ao que ele chama de anarquismo clássico:

> (...) a mais poderosa intuição que emerge do lado anarquista era de que a revolução deve ser libertária tanto em seus meios quanto em seus fins, e que, se os meios são sacrificados ou simplesmente feitos para serverem aos fins, os próprios fins serão sacrificados. Isso se refere à ênfase que os anarquistas colocam na política 'pré-figurativa' (Newman, 2022: 33).

Entretanto, Newman parte desse princípio para pensar não apenas a relação com uma pretendida sociedade futura livre, os modos de organização para se chegar nela, mas antes, talvez pela própria natureza do princípio em questão, para pensar aquilo que denomina *o aqui e agora*. O que podemos fazer ali mesmo onde nos encontramos?

Se os meios não se separam dos fins, trata-se antes de tudo, de fazer hoje a vida que queremos, não visando um projeto vindouro, mas prefigurando no presente outra maneira de viver. Assim, o anarquismo constituiria uma ontologia e uma ética não-estrategista por excelência: ser anarquista seria liberta-se de um telos universalizante, isto é, do fazer isto para obter aquilo ou isso por causa daquilo. Uma maneira de viver regida pelo princípio estratégico não encontra nunca algo que *vale por si*, de tal modo que é uma maneira de viver destituída de sentido constitutivo ou mesmo de valores inegociáveis. O anarquista é aquele que desempenha ações com fins em si mesmos. Ou melhor: a ação anarquista é direta precisamente porque não mediada, ela não tem outros fins externos predeterminados, ela carrega sua própria recompensa.

Vemos assim uma ética liberta da ação estratégica, ou ainda, uma ética enquanto *forma de vida,* se entendemos essa noção como se referindo a uma vida que não se separa de sua forma, ou seja, que não tem uma forma externa, um sentido outro que não si mesma, que não é representada externamente.

Apenas se eu já não estou sempre e somente em ato, mas sou entregue a uma possibilidade e a uma potência, apenas se, nas minhas vivências e nos meus entendimentos, estão sempre em jogo o viver e o entender eles mesmos – ou seja, se há, neste sentido, pensamento –, então uma forma de vida pode tornar-se, em sua facticidade e coisidade, forma-de-vida, na qual nunca é possível isolar algo como uma vida nua (Agamben, 2017: 19, grifos meus).

Para Agamben, a política de morte se insere na separação entre *bios* e *zoe*, a vida matável seria a vida tomada como *vida nua*, isto é, uma vida tomada como não-humana, desde que meramente biológica. Nessa concepção, não haveria uma distinção ontológica entre natureza e cultura. O que é natural (ou animal) não seria separável da constituição profunda dada pelo que então aqui podemos chamar *forma de vida*. O que a representação, mediação por excelência, nos legou ao ser tomada como absoluta foi um correspondente abstrato que deveria medir valor sendo tomado ao mesmo tempo como responsável pela própria constituição do valor. Esta forma abstrata tornou-se, *assim, não apenas externa, mais cada vez mais totalitária ao "correspondente" concreto que deveria então validar. Até que esse âmbito concreto, tomado sem valor nele mesmo, não é mais visto senão como um resto, aniquilável, aquilo que pode ser destruído porque não têm uma forma em si mesmo*. A noção de forma de vida pode nos levar a conclusões acerca da determinação do âmbito constitutivo do valor. O que é partilhado pelos falantes: o *comum* em sua relação ética e constitutiva com a produção de significado.

Este talvez seja o elo conceitual para relacionar a primeira ideia base de Newman com a segunda: esta ética do fim em si, não estrategista por excelência, estabelece uma noção de singularidade não-representável, que não pode se confundir com a noção de sujeito ou indivíduo liberal, relacionado por representação com o todo social. Assim, o viver anarquista é apresentado como ética e, mais ainda, como uma ética liberta de um *telos*, de um programa, de um projeto dado. Anarquia é uma forma de viver agora que transforma as relações nas quais nos encontramos. Obviamente, isso não significa total ausência de objetivos pontuais, o que talvez seja impossível. Mas uma tática pontual é diferente de uma meta final projetada, o que não há no anarquismo é um projeto unificador determinante último. Ou, dito de um modo mais *foucaultiano*: diante da libertação revolucionária teleológica final, o anarquismo nos acena com modos contínuos de resistência e, neste sentido, o anarquismo ontológico é muito mais um ponto de partida do que de chegada.

Novamente, temos aqui a ideia de um anarquismo ontológico em que a ênfase está na anarquia como ponto de partida, ponto de saída para a ação política, em vez de ser a culminação ou a recompensa final para um empreendimento. O pós-anarquismo é o anarquismo que começa, em vez de necessariamente terminar, com a anarquia. Isso significa que não tem um molde ideológico específico e que pode assumir diferentes formas e seguir diferentes cursos de ação (Newman, 2022: 45).

O segundo ponto desenvolvido por Newman, que não é, sem dúvida, independente do primeiro, e que também nos levará diretamente ao último, diz respeito à noção de *singularidade*. Assim como uma ética da ação com fins em si mesma se opõe à noção de projeto estratégico, a noção de singularidade se opõe a de sujeito revolucionário do pensamento moderno. O que nasceria das insurreições contemporâneas, enquanto exemplos paradigmáticos de ações sem *telos* externo, são singularidades e não identidades libertas. Aqui convém ressaltar que a singularidade não é o ator da insurreição libertária, é seu produto e exatamente por isso não nos cabe esperar a consciência de classe revolucionária para que possamos agir, o sujeito não é compreendido aqui como causa da ação libertária. A singularidade não se confunde com o sujeito de direito liberal precisamente por não ser um átomo independente dado na base de um sistema de representação. As singularidades não caberiam na representação, seriam irrepresentáveis. Aqui Newman vai buscar elementos no *A Comunidade que vem*, de Giorgio Agamben, em diálogo já com a obra *A Comunidade Inoperada*, de Jean-Luc Nancy, para conceituar noções de singularidade e comunidade, internamente relacionadas, que não caberiam nas categorias do universal e do particular, e que não poderiam se relacionar por meio da representação. O singular teria uma comunidade interna a ele e não correspondente a ele. Tratar-se-ia justamente do ponto no qual essas categorias tradicionais se romperiam, pois o singular não poderia ser tratado como um microestado com limites próprios.

Um conceito que escapa à antinomia do universal e do particular eis-nos desde sempre familiar: é o exemplo. Qualquer que seja o âmbito em que faça valer a sua força, o que caracteriza o exemplo é o fato de valer para todos os casos do mesmo gênero e, simultaneamente, estar incluído entre eles. Ele é uma singularidade entre as outras, que está no entanto em vez de em cada uma delas, vale por todas. Por um lado, todo o exemplo é tratado, de fato, como um caso particular real, por outro, reconhece-se que não pode valer na sua particularidade. Nem particular nem universal, o exemplo é um objeto singular que, digamos assim, se dá a ver como tal, *mostra* a sua singularidade (Agamben, 1993: 16).

A singularidade se oporia às identidades bem definidas, instaurando a recusa à representação. Agamben fala em 'singularidades quaisquer' para abordar uma noção de pertencimento interno, fora do primado representacional. E é a própria distinção entre singularidade e identidade que nos permitiria fazer também a distinção entre insurreição e revolução, enquanto terceira e última ideia base do pós-anarquismo. Aqui novamente reaparece a noção de chave de *forma de vida*, no âmbito da discussão via Agamben.

A noção de Agamben de 'singularidades quaisquer' é relacionada ao seu profundo interesse no que ele chama de forma-de-vida, tratando-se de 'uma vida que nunca pode ser separada de sua forma, uma vida em que nunca é possível isolar algo como uma vida nua' (2000: 3). A política na tradição ocidental, desde a antiguidade, tem sido baseada na separação da vida biológica ou nua (*zoé*) da vida politicamente qualificada (*bios*). Enquanto na era biopolítica moderna vimos o eclipse desta distinção, de tal forma que a existência biológica se torna o próprio objeto de cálculos e racionalidades políticas – produzindo uma vida nua enquanto capturada no estado soberano de exceção –, a afirmação de Agamben é que esse desenvolvimento, ao mesmo tempo, abre novas possibilidades para uma política de vida alternativa. Isso envolveria uma certa compreensão da subjetividade na qual a maneira de criação de vida de alguém sempre incorporaria uma potencialidade política constantemente presente (Newman, 2022: 66).

A ontologia anárquica não seria definida por vocação biológica ou projeto determinista. Em *A comunidade que vem* foi também sobretudo uma noção de generalidade para além da representação o que esteve em questão para Agamben. E é muito sintomático que ele parta do problema do uno-múltiplo e chegue na noção de *relação interna*. Interessa a ele propor uma noção de política para além do Estado, o que ele faz por propor uma noção de generalidade instanciada, que não se confunde com uma classe ou um universal abstrato. É muito interessante notar que ali a generalidade *agambeniana* apareça por meio da noção de *exemplo*, enquanto significando *um qualquer situado*. Trata-se então de um geral instanciado internamente no singular que, para ele, escaparia à falsa dicotomia entre indivíduo e universal. Agamben retoma então a noção de *relação interna* para falar do advento de uma comunidade do *qualquer exemplar,* a generalidade seria já interna ao singular, em contraposição à "hipócrita insubstituibilidade do indivíduo, que na nossa cultura serve apenas para garantir sua universal representabilidade, a *Badalya*[2] opõe uma substituibilidade incondicionada, sem representante nem representação possível, uma comunidade absolutamente não-representável" (Agamben, 1993: 26). Estar por alguém, substituir, delegar, todas operações de uma singularidade qualquer em oposição à generalidade representante e ao indivíduo.

Também Jean-Luc Nancy teria falado em termos de uma comunidade não essencial, não previamente dada. Partindo de Bataille, a noção de singularidade em Nancy indica já um lugar de mistura do sujeito com o objeto. A própria ideia de indivíduo seria relativa ao Estado, enquanto totalidade soberana, autocentrada e fechada em si mesmo. A noção de *comunidade não essencial*, por outro lado, seria pensada pela relação de *abertura, de incompletude*, o comum não seria uma completude, uma classe fechada em si mesma, seria o que nos faz desde sempre *de um pólo ao outro*, sempre passando, em relação. A comunidade aberta permitiria a relação sem comunhão, e assim o compartilhamento e a co-existência, por estarmos sempre se desproduzindo, produziríamos sentido. Esta seria o *lugar da linguagem*: uma comunidade da comunicação.

A singularidade é um 'fundo' sem fundo, no sentido de ser feito apenas da rede, do entrelaçamento e da partilha. (…) A própria partilha não é uma comunhão, nem uma apropriação do objeto, nem um reconhecimento de si, nem mesmo uma comunicação, como a compreendemos, entre sujeitos. Mas esses seres singulares são eles mesmos constituídos pela partilha, eles se distribuem e se põem, ou mesmo

---

[2] Termo árabe que indica 'substituição', nome da comunidade fundada pelo arabista Massignon e que Agamben comenta em *A comunidade que vem*.

se *espaçam* pela partilha que os fazem *outros*: (...) 'comunicado' para não 'comungar'. Esses 'lugares de comunicação' não são mais lugares de fusão (Nancy, 2016: 55-56).

Newman chega por fim à singularidade via Stirner que, enquanto crítico ao humanismo moderno, também pensaria este único singular como *vazio*. O ego aqui, portanto, também nada tem do ego individual autocentrado, mas é uma espécie de *nada indefinível*, um devir constante forjado por meio de uma rede de afetos compartilhados. É assim que da noção de singularidade chega-se à noção de grupos de afinidade, coletividades relacionadas por vínculos que transpassam a fronteira da separação entre político e pessoal e que mantém antes de tudo uma partilha da confiança por meio de afetos comuns e intensidades alegres.

Além disso, essa noção de singularidade se relacionaria muito melhor com as demandas do agora, no qual as subjetividades controladas correspondem às séries governáveis por algoritmos guiados pelo afeto e pelo consumo, que Deleuze chamou 'divíduos': redes controláveis de produção-consumo. As diferenças tornam-se assim *nixos* de mercado vendíveis, e o afeto incentivado pelo desejo no consumo acarretaria a servidão voluntária. Esse nível de complexidade responsável por uma soberania da morte e da exclusão crescente sempre *para-além-de-si-mesma* não poderia ser bem categorizado pelo pensamento moderno e pela noção de sociedade cunhada no século XIX. Assim, a resistência hoje buscaria invisibilidade e anonimato, além de incomunicabilidade e não-transparência:

> (...) a política vindoura não será sobre a comunicação de demandas de identidades representáveis buscando visibilidade no palco público. A política não será sobre lutas de reconhe-

cimento, nem será baseada na ideia de comunicação racional. Em vez disso, assumirá a forma de *incomunicabilidade* – isto é, opacidade e anonimato (Newman, 2022: 56-57).

E é a partir disso que Newman interpreta também a tática do bloco negro (*black bloc*) e outras ações visando a desconstrução da identidade ainda que momentaneamente. Diante da exigência crescente de exibição e visibilidade, a tática visa a segurança dos manifestantes, mas também expressa nela mesma a recusa a serem representados. Neste sentido, haveria uma dimensão simbólica irredutível nas práticas de resistência autônomas que encarnariam destituições em gestos e em performances.

Neste contexto, as insurreições aparecem como faíscas na abertura para fora da aparência totalitária que o espetáculo capitalista assumiu hoje. A terceira e última contraposição básica que aqui gostaríamos de ressaltar diz respeito então à diferença entre insurreição e revolução. Newman entende que o movimento de ocupações recentes, os levantes antirracistas atuais e as revoltas contrassistêmicas das últimas décadas seriam insurrecionários. A diferença da insurreição para a revolução diria respeito, primeiramente, ao caráter totalizante: na revolução haveria uma transformação total das relações sociais e políticas. Uma insurreição pode ser parcial, uma revolução não. A revolução seria um evento vindouro, que transformaria, após um processo, a sociedade *de uma vez por todas*. Entretanto, diante da falência das metanarrativas, é difícil até mesmo imaginar algo desse porte hoje, não conseguimos conceber outro evento final total que não o apocalipse.

Outra diferença relevante diria respeito à relação das revoluções com o chamado poder constituinte: uma revolução termina numa constituinte na medida em que deve inaugurar uma nova ordem social e política do zero. Diferentemente, tal como também analisa Agamben, a potência insurrecionária seria, antes de tudo, destituinte. Não podemos esquecer, entretanto, que a noção de revolução social em Bakunin é já destituinte, e que ali encontramos a ideia de uma destruição criadora e, mesmo, de uma abolição da política (ou antipolítica) e da representação. Em certo sentido, a revolução social anarquista sempre foi insurrecionária. E aqui precisamos notar que o princípio ético da não separação entre meios e fins é retomado por meio da noção de insurreilção. Por um lado, não há estratégia ou instrumentalização das instituições e das relações de poder numa insurreição. A insurreição vale por si e em si, é uma ação *antipolítica* enquanto *práxis* não-determinada por um projeto ou por um *telos* externo. E aqui é inevitável lembrarmos as palavras de Furio Jesi:

> O que mais distingue a revolta da revolução é uma diversa experiência do tempo. Se, com base no significado das duas palavras, a revolta é um repentino foco insurrecional que pode ser inserido dentro de um desenho estratégico, mas que por si só não implica uma estratégia de longo prazo, e a revolução é, por sua vez, um complexo estratégico de movimentos insurrecionais coordenados e orientados relativamente a longo prazo em direção a objetivos finais, seria possível dizer que a revolta suspende o tempo histórico e instaura repentinamente um tempo em que tudo isso que se realiza vale por si só, independentemente de suas consequências e de suas relações com o complexo de transitoriedade ou de perenidade no qual consiste a história (Jesi, 2018: 72-77, grifo meu).

Também neste sentido, toda insurreição é prefigurativa, ou seja, incorpora no aqui e agora os princípios éticos do que pretende construir. Recusa estratégias e meios sacrificados em favor de um fim que nunca chega, mas encarna na sua maneira de se organizar os elementos da autogestão e horizontalidade. Uma ação com fim em si mesmo, um comunismo que se vive na própria luta, e não que é objeto de um processo independente .O anarquismo é insurrecionário porque é antidualista: reúne matéria e forma, público e privado, fins e meios, na *práxis* libertária.

A prefiguração insurrecionária é ainda micropolítica e contínua pois ela demanda uma modificação profunda nos envolvidos, de baixo para cima, para além do acontecimento insurrecionário. Insurgir-se é tomar de assalto o espaço público, misturando-o com a vida privada. Assim, as ocupações encenaram a intrusão da *vida nua* (da sobrevivência biológica) no âmbito político, ou seja, borraram as fronteiras do dualismo representacional, já que esta *vida nua* não poderia ser assim introduzida sem deixar de ser vida nua (como resto), mas apenas já como antipolítica do irrepresentável.

Colapsar as distinções bem-comportadas da representação seria destituir as abstrações fetichizadas. Assim, deixamos de ser cúmplice ali onde nos situamos com as estruturas de poder que se reproduzem para além do centro e por todo o tecido social, entendendo-se que o estado não é antes de tudo, ele mesmo, uma entidade abstrata, mas uma maneira de viver, um tipo de relação que precisa ser combatida nas nossas dependências e também nos nossos desejos. A insurreição é uma instância valorativa e criativa, que se abre quando nos revoltamos e recusamos reproduzir uma sobrevida de dívidas, encarceramentos, consumo, servidão e precariedade. Afirmar o que não aceitamos é sempre estabelecer já um âmbito inegociável, um valor tomado como necessário. E há sem dúvida uma dimensão ética nas revoltas contemporâneas, quando, diante de um risco incontornável, uma coletividade responde que a morte de alguns não será mais aceitável, tal como afirmado por Foucault:

O movimento com que um só homem, um grupo, uma minoria ou todo um povo diz: "Não obedeço mais", e joga na cara de um poder que ele considera injusto o risco de sua vida – esse movimento me parece irredutível. Porque nenhum poder é capaz de torná-lo absolutamente impossível: Varsóvia terá sempre seu gueto sublevado e seus esgotos povoados de insurrectos. E porque o homem que se rebela é em definitivo sem explicação, é preciso um dilaceramento que interrompa o fio da história e suas longas cadeias de razões, para que um homem possa, "realmente", preferir o risco da morte à certeza de ter de obedecer (Foucault, 1979: 01).

Vemos assim, via Newman, a atualidade do anarquismo sendo pensada enquanto ontologia através de uma ética dos meios enquanto fins; da noção de singularidade enquanto oposta ao indivíduo e da noção de insurreição enquanto distinta da grande revolução. Nessas três bases, a noção de *forma de vida* cumpre um papel central relacionando a política libertária com a falência da representação.

Bibliografia

Agamben, G. (2017). *Meios sem Fim: Notas sobre a Política*. Trad. Davi Pessoa Carneiro. Belo Horizonte: Autêntica.

_____ (2006). In. Flávia Costa. "Entrevista com Giorgio Agamben". Disponível em <https://www.scielo.br/j/rdpsi/a/qfWSyKkKcpMD-Vxy3Bj5Vmzz/?lang=pt>. Acessado em 10/08/2021.

_____ (1993). *A Comunidade que vem*. Trad. Antonio Guerreiro. Lisboa: Presença.

Bonanno, A. (2006). *A Tensão Anarquista*. Trad. e edição. raividições.

Foucault. M. (1979). "É inútil revoltar-se?". *Le Monde*, n. 10.661, 11-12 de maio. Disponível em <https://machinedeleuze.wordpress.com/2017/04/08/e-inutil-revoltar-se-por-michel-foucault>. Acessado em 10/01/2021

Jesi. F. 2018. *Spartakus: Simbologia da Revolta*. Trad. Vinícius Castro Honesko. São Paulo: n-1.

Nancy, J-L. (2016). *A Comunidade Inoperada*. Trad. Soraya Guimarães Hoepfner. Rio de Janeiro: 7Letras.

Newman, S. (2022). *Do Anarquismo ao pós-anarquismo*. Trad. Lucas Lazzaretti. São Paulo: sobinfluencia edições.

PREFÁCIO

Que forma assume a política radical hoje? Que tipo de imaginário, que horizonte político e ético, anima as lutas contemporâneas? Quais espécies de alternativas para nossa atual ordem política e econômica estão sendo propostas e por quais se tem lutado?

Fazer tais perguntas geralmente provoca desdém cínico ou suspiros de resignação. Em toda parte, o regime do capitalismo neoliberal parece ter prevalecido. Mesmo no despertar de sua mais séria crise desde a Grande Depressão, quando sua estrutura catastrófica foi exposta para todos verem, quando parecia estar em seu ponto mais fraco e mais vulnerável, o capitalismo financeiro global, sustentado por um massivo apoio estatal, foi ressuscitado de sua aparente morte e agora assume uma estranha vida nova. Talvez esta vida seja uma vida após a morte, mas vidas após a morte têm uma tendência infeliz de durar por um longo tempo. A crise econômica em curso não apenas não trouxe o fim do capitalismo neoliberal, como provou ser apenas um grão em seu moinho, permitindo, na forma de políticas de austeridade, incursões ainda maiores de racionalidade de mercado na vida cotidiana e níveis ainda mais obscenos de acumulação de riqueza por parte de uma classe global de plutocratas. Nossas vidas estão cada vez mais dominadas pelos ditames do mercado, pelos imperativos do trabalho, pelo espectro da precariedade, da pobreza e do endividamento. Ainda assim, uma compulsão inexplicável manutenção dos costumes nos prende e o tempo todo somos assombrados pelo espectro sempre presente da catástrofe. Horizontes alternativos parecem obscuros, quase impossíveis de se imaginar. Breves lampejos de resistência parecem ter esmorecido ou ter sido extintos. Um grande Nada engole a já exausta imaginação política – um abismo que corre perigo de ser preenchido pelas novas e violentas formas de mobilização reacionária, populista e fascista.

Então, onde buscamos sinais de esperança? Apesar da aparente desolação do momento atual, este livro não advoga pelo pessimismo ou pelo desespero. Ao contrário, seu objetivo é explorar os contornos de um novo tipo de terreno político, um que é inaugurado pelo niilismo da condição contemporânea. Quero sugerir que, não obstante o solo ambíguo e perigoso em que nos encontramos e a natureza aparentemente intransponível dos poderes que enfrentamos, nós, no entanto, somos testemunhas da emergência de um novo paradigma de pensamento e ação política radical, um paradigma que toma a forma de uma insurreição autônoma. Serei ainda mais ousado e direi que, se desviarmos nosso olhar do espetáculo vazio da política soberana, podemos vislumbrar um mundo alternativo e dissidente de vida e ação política que só pode ser descrito como anarquista. Com isso, pretendo transmitir a ideia de um modo de política em que autogoverno e organização livre e espontânea, ao contrário de organização pelo (e através) do Estado, são centrais.

Vida política autônoma

Exemplos dessa forma autônoma de política, não obstante sua existência relativamente curta e seu futuro ambíguo e incerto, seriam os movimentos de Ocupação que apareceram ao redor do mundo nos tempos recentes. A reunião inesperada de pessoas comuns em praças e lugares públicos – da Praça Tahrir à Wall Street, ao Parque Gezi em Istambul e às ruas de Hong Kong – encarna uma forma totalmente nova de atividade política na qual a construção de espaços e relações autônomas e autogeridas eram mais importantes que a apresentação de demandas específicas e de agendas de poder. Embora esses eventos tenham ocorrido em contextos políticos diferentes, estavam ligados pela reivindicação comum, de pessoas comuns, ao direito à vida política em oposição aos regimes e sistemas de poder que negavam isso a eles. Ao fazerem isso, rejeitaram os canais usuais de comunicação e representação política. O grito dos Indignados[1] nas praças da Espanha era: "Vocês não nos representam!". Isso tem um duplo sentido que deve ser ouvido e devidamente entendido: é ao mesmo tempo um grito de indignação contra um sistema político que não mais representa os interesses de pessoas comuns e a recusa de representação em absoluto, uma recusa de ter alguém que fale por eles, de serem interpretados (e inevitavelmente traídos) pelos políticos. É como se os ocupantes da praça estivessem dizendo: "Vocês não nos representam e *nunca* poderão nos representar!". Embora isso tenha levado muitos, tanto na esquerda quanto na direita, a rejeitar tais movimentos como anti-políticos, incoerentes e desorganizados, tais críticas meramente refletiam uma inabilidade de chegar a um acordo com o que é um modelo alternativo de política radical. Além disso, o que era genuinamente impressionante sobre tais movimentos era a sua rejeição às estruturas de liderança e formas

---

1 A mobilização dos *Indignados*, também conhecida como *Movimiento M-15*, foi uma série de protestos espontâneos organizados por cidadãos a partir de redes sociais através da plataforma *¡Democracia Real Ya!*, com início em 15 de maio de 2011 (Nota do Tradutor).

centralizadas de organização. Em vez disso, sua originalidade reside nas formas rizomáticas e em rede da vida política que engendraram.

Contudo, esses eventos, gloriosos em sua audácia, formam apenas os símbolos mais visíveis e marcantes de um movimento mais amplo e mais subterrâneo de resistência que se espalhou espontaneamente através dos centros nervosos de nossas sociedades contemporâneas. Aqui, por exemplo, poderíamos falar de ocupações no ciberespaço – do *WikiLeaks* ao *Anonymous* – nas quais redes anônimas estão engajadas em uma forma de guerra de informação contra o Estado. Poderíamos apontar para mobilizações em apoio aos migrantes sem documentos, contra o policiamento e a vigilância nas fronteiras; aos movimentos autônomos de povos indígenas; ao mundo dissidente dos campos climáticos, ocupações, centros sociais, economias alternativas e comunidades ecológicas.

Tais espaços, movimentos e práticas, ao que me parece, são pós-estatistas. Abrem um terreno político que não é mais organizado por ou dirigido para o poder do Estado soberano e suas instituições representativas. O Estado democrático liberal sofreu uma crise cataclísmica de legitimidade – seus véus e trajes foram dilacerados e o resgate financeiro dos bancos e a repressão da dissidência revelaram a vergonhosa verdade do poder estatal e das elites políticas que o governam. O Estado nas sociedades liberais contemporâneas aparece cada vez mais como um tipo de casco vazio, um recipiente sem vida, uma máquina de dominação e de des-politização que sequer mais finge governar pelo interesse de todos. Votar em eleições democráticas e a participação em partidos políticos cada vez mais assemelha-se ao religioso esotérico realizado por cada vez menos pessoas. Embora se possa lamentar a apatia política e o cinismo, prefiro falar de uma espécie de retirada da forma política da democracia liberal, da invenção de espaços e práticas políticas autônomas alternativas, e mesmo da possibilidade de novas formas de comunidade política. É importante refletir sobre a maneira que os movimentos autônomos anteriormente referidos não são direcionados para o Estado – suas demandas não são endereçadas a ele, nem buscam a captura do poder estatal, seja em um sentido democrático ou em um sentido revolucionário. As pessoas que se reúnem nas praças e espaços públicos de nossas metrópoles olham umas para as outras e não para o Estado. Encarnam o desejo de uma vida autônoma e sustentável, que não carrega mais a marca do Estado.

É por razões como estas que acredito que o anarquismo, mais do que o marxismo ou o marxismo-leninismo, é o prisma mais apropriado para interpretar essas novas formas de política. Apesar das tentativas recentes, particularmente na teoria continental, de ressuscitar uma forma revolucionária comunista de política baseada em ideias reformuladas da vanguarda do partido e uma fetichização da figura do grande líder revolucionário, esse modelo jacobino, pelo qual uma força revolucionária organizada e disciplinada apodera-se das rédeas do poder e usa os aparatos coercitivos do Estado para implementar o socialismo desde cima, está agora extinto. Não há um novo Robespierre, Lenin ou Mao esperando nos bastidores para liderar um movimento revolucionário, e a fantasia de tomar o controle do Estado, como se este fosse um instrumento benigno a ser comandado por uma vontade revolucionária, não é mais plausível, se é que um dia foi. Os movimentos radicais hoje dão as costas ao Estado ao invés de buscarem comandá-lo, rejeitando estruturas centralizadas de liderança e disciplina partidária. Se há um horizonte da luta política hoje – e há sempre um perigo em se postular um só horizonte –, não é mais comunista, mas anarquista ou, antes, como argumentarei, pós-anarquista. Isso não quer dizer que os movimentos e lutas a que me referi conscientemente se identificaram com o anarquismo, ou mesmo com qualquer ideologia em particular, mas, a princípio, quer dizer que suas práticas, discursos e modos de organização encarnam um *ethos* anarquista no qual a autonomia e a auto-organização são os elementos-chave.

Estrutura do livro

Este livro desenvolve uma teoria política do pós-anarquismo. Em vez de ser meramente uma teoria atualizada do anarquismo, o pós-anarquismo é uma maneira distinta de pensar sobre política e ética anarquicamente. Baseia-se mais no pensamento de Stirner, Sorel e La Boétie do que em Bakunin, Kropotkin e Proudhon. Algumas dessas diferenças são delineadas no primeiro capítulo: a principal sendo que, enquanto o anarquismo é um projeto cujo objetivo é a destruição do poder do Estado e a construção da sociedade liberada, o pós-anarquismo enfatiza um anarquismo do aqui e do agora, livre dessa metanarrativa revolucionária. A ideia central que introduzo aqui é a do anarquismo ontológico, derivado de Reiner Schürmann e Michel Foucault, a qual implica uma forma de pensar e agir sem uma *arché* – em outras palavras, sem fundações estáveis ou identidades essenciais para determinar seu curso.

Os próximos três capítulos desenvolvem uma abordagem exclusivamente pós-anarquista às principais áreas da política radical contemporânea: respectivamente, subjetividade, ação radical e violência. No capítulo 2, exploro as maneiras em que as identidades governáveis são produzidas através dos regimes de poder neoliberais contemporâneos, os quais, paradoxalmente, dependem de uma certa auto-sujeição. Argumento que a única maneira de se escapar desses mecanismos de controle é através dos atos autônomos de subjetivação política. No entanto, sugiro que esses não podem mais ser entendidos nos termos de lutas de classe, identidades políticas ou lutas populistas. Em vez disso, proponho uma figura política alternativa – singularidades –, um sujeito irrepresentável e opaco que teorizo através da filosofia radical do egoísmo de Max Stirner. No capítulo 3, sugiro que a revolução, como uma maneira de pensar sobre a ação política radical, não é mais operacional e, em seu lugar, proponho a noção de insurreição. Novamente baseando-me no pensamento de Stirner, entendo a insurreição principalmente como uma forma de autotransformação ética e política em que alguém se distancia do poder ao invés de buscar lutar diretamente contra ele. Eu aplico isso a uma compreensão das formas contemporâneas de política radical que buscam promover relações e práticas autônomas fora do poder, ao invés de tentar capturá-lo. O capítulo 4 explora a questão da violência na política radical. Argumento que, em vez de tentar repudiar a violência, devemos transformar seu significado. Partindo do pensamento de Georges Sorel e Walter Benjamin, desenvolvo a ideia de uma violência como uma ruptura radical e ética das relações sociais existentes que, ao mesmo tempo, não derrama sangue. Aqui a violência é entendida como uma forma ontologicamente anárquica de ação autônoma como puro meio sem fim.

Os dois capítulos restantes são dedicados às questões da liberdade e da autonomia, as quais são absolutamente centrais à política radical. Contudo, ao invés de confiar nas categorias normativas familiares de emancipação humana ou de direitos individuais – que, como argumento, estão hoje amplamente esgotadas –, abordo a questão da liberdade na direção oposta, através de um encontro com o problema enigmático da servidão voluntária. Assim, no capítulo 5, exploro o extraordinário diagnóstico de Étienne de la Boétie desse fenômeno: nossa estranha tendência a querer nossa própria dominação. Contudo, a implicação disto é que todas as formas de poder dependem de nossa auto-anulação, algo que nos revela tanto o potencial radical da vontade e o grande segredo do poder – sua própria não-existência. Essas implicações são exploradas no capítulo final, em que traço uma teoria pós-anarquista da autonomia, distinta da compreensão kantiana e liberal, e irredutível à política democrática. A autonomia, neste caso, é baseada na condição de anarquia ontológica e na percepção de que somos sempre e já livres.

O pós-anarquismo, em contraste com grande parte da tradição da teoria política, é uma política e uma ética da indiferença ao Poder. Na verdade, insisto em uma distinção fundamental entre política e poder. E, ao invés de buscar a instauração de novos tipos de instituições políticas ou fundações normativas, o pós-anarquismo afirma a capacidade imanente para uma vida autônoma e a sempre presente possibilidade de liberdade.

1. DO ANARQUISMO AO PÓS-ANARQUISMO

Anarquismo: um esboço de uma heresia política

Se este livro está preocupado com a teorização das formas pós-estatistas contemporâneas de política radical, é necessário revisitar a teoria política do anarquismo. Aqui se depara imediatamente com um problema: o anarquismo, mais do que outras ideologias e tradições políticas, é difícil de definir em parâmetros claros. Não pode ser organizado em torno de nomes-chave – diferente do Marxismo e do Leninismo –, muito embora também tenha seus importantes teóricos, alguns dos quais discutirei neste capítulo. Nem pode o anarquismo ser confinado a uma certa periodização e, embora tenha tido seus momentos de proeminência histórica, ele tem, em sua maior parte, levado a vida marginal de uma heresia política. Vamos pensar no anarquismo, então, como um agrupamento diverso e heterodoxo de ideias, sensibilidades morais, práticas e movimentos históricos e lutas, animado pelo que chamo de um impulso anti-autoritário – isto é, um desejo de criticamente interrogar, recusar, transformar e derrubar todas as relações de autoridade, particularmente aquelas centralizadas dentro do Estado soberano. Talvez a alegação mais radical que os anarquistas fazem é que o Estado não tem nenhuma justificação racional ou moral – que sua ordem é inerentemente opressiva e violenta e, mais do que isso, que a vida pode funcionar perfeitamente bem sem esse incômodo. As sociedades anarquistas são sociedades sem Estado, em que as relações sociais são administradas autônoma, direta e cooperativamente pelas próprias pessoas, ao invés de serem administradas pela mediação de instituições alienantes e centralizadas. É essa implacável hostilidade à autoridade estatal que situa o anarquismo em desacordo não apenas com as doutrinas mais conservadoras, mas também com o liberalismo – que vê o Estado como um mal necessário –, com o socialismo e até mesmo com o marxismo revolucionário – que vê o Estado como um instrumento, ao menos no período de "transição", para construir o socialismo, seja por meio de reformas sociais-democráticas, seja através da tomada revolucionária e do controle do poder estatal.

O debate entre anarquismo e marxismo é antigo, remontando ao século XIX, quando a Primeira Associação Internacional de Trabalhadores foi dividida entre os seguidores do anarquista russo Mikhail Bakunin e os seguidores de Marx, em grande parte em função da questão da estratégia revolucionária e do papel do Estado. A ala mais "autoritária" (caracterização de Bakunin) do movimento socialista, incluindo Marx, Engels e Lassalle, via o Estado como um instrumento de poder de classe que, se estivesse nas mãos da classe certa – o proletariado liderado pelo Partido Comunista –, poderia ser uma ferramenta útil de transformação revolucionária. Em contraste, a ala mais libertária considerava o Estado, *em sua essência*, como uma estrutura de dominação que se perpetuaria depois da revolução, ao invés de definhar como se esperava, sendo, portanto, o principal impedimento à transformação revolucionária. O Estado era um aparato que tinha, assim, de ser *destruído* e não apreendido; a busca por poder político era uma armadilha que levaria apenas à catástrofe. Outros aspectos da disputa envolveram a organização de partidos revolucionários e a questão da liderança e da autoridade – que são discutidos pelo *Estado e Revolução* (1918) de Lenin. As implicações dessa grande fissura na teoria e prática revolucionária ressoaram por mais de um século, sendo tragicamente percebidas na deterioração da revolução bolchevique no Estado totalitário stalinista. Os termos do debate marxismo-anarquismo foram explorados em outro lugar com grande profundidade e não é minha intenção abordá-los aqui (ver Newman, 2001). Contudo, a mais poderosa intuição que emerge do lado anarquista era de que a revolução deve ser libertária tanto em seus meios quanto em seus fins, e que, se os meios são sacrificados ou simplesmente feitos para servirem aos fins, os próprios fins serão sacrificados. Isso se refere à ênfase que os anarquistas colocam na política "pré-figurativa", que é algo que falarei mais tarde.

Assim, o anarquismo é uma forma de política e ética que assume centralmente o valor da liberdade humana e do autogoverno – indissociavelmente ligado à igualdade – e vê as relações autoritárias e hierárquicas – aquelas consagradas não apenas no Estado, mas também no capitalismo, na religião organizada, no patriarcado, e até mesmo em certas formas de tecnologia – como limitações externas e estorvos à liberdade humana. Há uma oposição central dentro do imaginário anarquista entre relações sociais que, em seu estado "natural", são livremente formadas e autorreguladas, e as estruturas externas do poder e da autoridade – mais proeminentemente o Estado soberano – que interferem nesses processos sociais espontâneos e nessas relações, corrompendo-as e distorcendo-as, imprimindo-lhes relações artificiais, hierárquicas e opressivas nas quais a vida humana é alienada. Nas palavras do pensador do século XVIII, William Godwin, os governos "colocam sua mão na mola que existe na sociedade e põem um fim ao seu movimento" (1968: 92). O Estado, a máquina infernal de dominação e violência, não justificada nem por ilusões religiosas nem por artifícios liberais como o contrato social, nem mesmo pelas modernas noções democráticas de consentimento, é o principal obstáculo para a liberdade e o desenvolvimento humano. Como foi dramaticamente colocado por Bakunin, "o Estado é como um vasto matadouro e um enorme cemitério, onde, sob a sombra e o pretexto desta abstração (o bem comum), todas as melhores aspirações e todas as forças vivas de um país são santarronamente imoladas e enterradas" (1953: 207).

O fim da metanarrativa

Nós podemos ver como aspectos do pensamento anarquista podem ressoar fortemente com lutas políticas contemporâneas que se situam à parte do Estado e em relações autônomas para com ele. Quando Bakunin, em seu programa revolucionário, clama por um tipo diferente de política – não a tomada do poder estatal em uma revolução "política", mas a transformação revolucionária das relações sociais (o que ele chama de "revolução social") – e quando fala da necessidade das massas do século XIX de "organizarem seus poderes à parte e contra o Estado", parece estar invocando uma forma insurrecional de política em que as pessoas autonomamente transformam suas próprias vidas e relações fora do controle imediato do Estado (ver Bakunin, 1953: 377). Precisamos pensar e repensar o que essa injunção *"para organizar nossos poderes à parte e contra o Estado"* pode significar hoje.

Contudo, se a situação atual demanda uma reconsideração do, ou mesmo um retorno ao anarquismo, que tipo de retorno seria possível? Parece improvável que o anarquismo revolucionário do século XIX tenha a mesma atualidade hoje ou sequer possa ser conceituado da mesma maneira. O anarquista Alfredo Bonanno (1988), em uma avaliação honesta das implicações da política anarquista no surgimento da sociedade pós-industrial do final dos anos 1970 e 1980, diz o seguinte:

> O que está morto para eles [anarquistas hoje] – e também para mim – é o anarquismo que pensava que poderia ser o ponto organizacional de referência para a próxima revolução, que se via como uma estrutura de síntese voltada para gerar múltiplas formas de atividade humana dirigidas a quebrar as estruturas estatais de consenso e repressão. O que está morto é o anarquismo estático das organizações tradicionais, baseado na reivindicação de melhores condições e tendo objetivos quantitativos. A ideia de que a revolução social é algo que deve necessariamente resultar de nossas lutas provou ser infundada. Pode ser o caso, mas também pode não ser.

O que está sendo questionado aqui, eu sugeriria, é a metanarrativa revolucionária que no passado impulsionou o pensamento e a política anarquista. Central a esta metanarrativa é a história da liberação humana de uma condição de servidão – forçada sobre um ser livre e racional pelas forças corrosivas do poder estatal – para uma condição de liberdade e de plena humanidade. Em outras palavras, a destruição revolucionária do Estado, do Capital e da Igreja, e a construção de uma sociedade livre no seu lugar, emancipariam o homem de sua situação de opressão, desigualdade e ignorância, e lhe permitiriam exercer sua plena humanidade. Além disso, há no cerne dessa narrativa revolucionária a ideia de que sob as camadas da autoridade política e econômica "artificial" existe uma comunhão natural, uma sociabilidade racional e moral que é inerente ao sujeito humano, mas que simplesmente está adormecida, latente; é por isso que o anarquismo poderia sustentar a ideia de relações sociais como sendo espontaneamente autorreguladas uma vez que o Estado fosse derrubado. Ademais, essa sociabilidade inata poderia ser revelada e verificada por meio de investigação científica. Notoriamente, Peter Kropotkin (1972) desenvolveu sua teoria do "apoio mútuo" em oposição à competição egoísta, a qual propôs como um instinto evolucionário e biológico que poderia ser observado tanto nas relações animais quanto humanas. Murray Bookchin, um expoente moderno deste tipo de abordagem positivista – que ele denomina de "naturalismo dialético" – viu as possibilidades de uma sociedade racionalmente ordenada incorporada dentro de um tipo de totalidade social que é imanente à natureza, e cujo desdobramento dialético produzirá um florescimento da liberdade humana (ver Bookchin 1982: 31). O anarquismo, enquanto uma filosofia revolucionária, foi moldado por narrativas iluministas de emancipação, progresso e racionalismo; era ao mesmo tempo um programa revolucionário e uma ciência de relações sociais. E foram essas narrativas que deram a ele a qualidade determinística que Bonanno considera agora extinta. Embora o anarquismo revolucionário nunca tenha sido tão determinístico quanto o marxismo – permitindo um escopo muito maior para a contingência humana fora das "leis de ferro" da história –, ele foi, no entanto, parte de uma metanarrativa universalizante da liberdade humana, e a revolução social, levando inevitavelmente para a sociedade sem Estado, era um evento que transformaria a totalidade das relações.

Essa maneira de pensar sobre relações políticas e sociais vem sendo questionada há algum tempo. Muitos diriam que agora vivemos no despertar da crise das metanarrativas; em verdade, como Jean-François Lyotard (1991) argumentou, nossa modernidade tardia (ou pós-modernidade se aceitarmos esse termo) é caracterizada por um certo ceticismo ou "incredulidade" em relação às metanarrativas. Os discursos universais centrais para a experiência da modernidade, a categoria de uma verdade universal objetiva que é ou deveria ser aparente para todos, ou a ideia de que o mundo está se tornando mais racionalmente inteligível através dos avanços da ciência, todas essas estruturas do pensamento e da experiência vêm passando por um profundo processo de dissolução graças a certas transformações do conhecimento na era pós-industrial. Os processos de legitimação têm se tornado cada vez mais questionáveis e instáveis: a contingência e arbitrariedade da operação do conhecimento – o fato de que este se baseia, em última instância, em relações de poder e exclusão – estão se tornando aparentes, produzindo uma crise de representação. Ademais, Lyotard apontou para um colapso do conhecimento sobre a sociedade: a sociedade não poderia mais ser inteiramente representada através do conhecimento, seja como um todo unificado, seja como um corpo dividido em classes. Os laços sociais que davam uma consistência de representação à sociedade vão sendo redefinidos através dos jogos de linguagem que a constituem. Há, de acordo com Lyotard, uma "'atomização'" do social em redes flexíveis de jogos de linguagem" (1991: 17). Isso não significa que o laço social esteja se dissolvendo por completo;

significa, meramente, que não há mais uma compreensão dominante e coerente da sociedade, mas, antes, uma pluralidade de diferentes narrativas ou perspectivas.

Claro, não devemos ser muito otimistas com relação a tais desenvolvimentos. O relato de Lyotard sobre a "condição pós-moderna" também foi um relato sobre a condição neoliberal emergente, cuja lógica de "redes flexíveis" e atomização também parece refletir. Contudo, o declínio da metanarrativa refere-se a um tipo de mudança ou deslocamento na ordem da realidade social, de tal forma que não podemos mais contar com firmes fundamentos ontológicos para fornecer a base para o pensamento e, em verdade, para a ação política. A política não pode mais ser guiada por Verdades universalmente compreendidas, discursos racionais e morais, ou por uma experiência compartilhada de Sociedade e Comunidade. Pensadores pós-estruturalistas como Michel Foucault, Jacques Derrida, Gilles Deleuze e Felix Guattari se engajaram de diferentes maneiras com essa dissolução das categorias universais. Meu trabalho anterior sobre o pós-anarquismo enfatizou o engajamento e a síntese entre teoria pós-estruturalista e teoria anarquista (Newman, 2001). Acima de tudo, mostrei como a deposição do Sujeito humano universal do centro da ordem da experiência tem profunda implicação para o anarquismo: subjetividade, doravante, tem de ser vista como constituída mediante "agenciamentos" externos de poder e discurso, e não pode haver nenhuma clara separação conceitual entre o sujeito que se revolta contra o poder e o poder que ao mesmo tempo constitui sua identidade e o investe de desejo. A rejeição de Foucault da "hipótese repressiva", por exemplo, e sua afirmação de que o poder era "produtor" – de identidades, de relações sociais, de efeitos de verdade e mesmo de resistências a ele – complica fundamentalmente a narrativa revolucionária em que o sujeito se liberta dos estorvos externos do poder. Como Foucault notoriamente declarou: "O homem descrito por nós, a quem somos convidados a libertar, já é ele mesmo o efeito de uma sujeição muito mais profunda que ele mesmo" (1991: 30).

Do anarquismo à anarquia

Essa mudança ontológica de que estou falando também pode ser entendida nos termos do que o filósofo heideggeriano Reiner Schürmann chama de experiência da anarquia, a qual o autor relaciona à ideia de Heidegger de fechamento da metafísica, um desvanecimento dos princípios epocais. Diferentemente do pensamento metafísico, em que a ação tem sempre de ser derivada de (e determinada por) um primeiro princípio, a *arché*, a "'anarquia', sempre designa o desaparecimento de tal regra, o relaxamento de seu controle" (1987: 6). Para Schürmann:

> A anarquia que estará em questão aqui é o nome de uma história que afeta a base e fundação da ação, uma história em que o alicerce cede e na qual se torna óbvio que o princípio de coesão, seja autoritário ou "racional", não é nada mais do que um espaço em branco privado de poder legislativo, normativo. (Ibid.)

Esse gesto de des-fundamentação, removendo ou questionando a autoridade absoluta da *arché* – uma forma de anti-autoritarismo ontológico –, é também característica de movimentos teóricos como a desconstrução, que revela a historicidade e discursividade de nossas estruturas de pensamento e experiência aceitas, assim desalojando a centralidade da figura do Homem e daquilo que Derrida denomina de "metafísica da presença". A afirmação de Schürmann, contudo, é que essa experiência de anarquia – entendida aqui como indeterminação, contingência, evento – não torna o pensamento e a ação impossível, levando assim ao niilismo[2]. Ao contrário, ao libertar nossa experiência da autoridade dos primeiros princípios norteadores, um certo espaço é aberto para o pensamento e a ação livre indeterminados: questões tais como "o que devemos fazer?", "como devemos pensar?", assumem uma nova e singular urgência à medida que somos confrontados com a incerteza sob nossos pés. O momento da anarquia ontológica é, portanto, uma experiência de liberdade e, em verdade, de intensa reflexão ética. É importante ressaltar que ela também liberta a ação de seu *telos*, da lei dos fins, da racionalidade estratégica que sempre buscou determiná-la. A ação se torna "anárquica" – isto quer dizer, sem fundamento e sem fins predeterminados.

Nesse sentido, gostaria de pensar sobre o que essa experiência de anarquia, e especificamente a noção de ação sem a lei dos fins, pode significar para o anarquismo. Schürmann é cuidadoso para dissociar sua concepção de anarquia do anarquismo: os velhos mestres do anarquismo, como Bakunin, Proudhon e Kropotkin, procuraram "deslocar a origem para substituir o 'poder racional', o *principium*, pelo poder da autoridade, *princips* – uma operação tão metafísica quanto antes. Eles procuram substituir um ponto focal por outro" (1987: 6). Em outras palavras, os anarquistas do século XIX procuraram abolir a autoridade política, mas invocaram outro tipo de autoridade em seu lugar, a autoridade epistemológica da ciência e a autoridade moral da

---

[2] Tampouco leva, como sustenta Schürmann, ao totalitarismo ou à "anarquia do poder", mas, antes, ao enfraquecimento do próprio princípio de Poder (ver Schürmann, 1987:290-1).

sociedade. Ademais, em lugar do Estado emergiria uma forma mais racional de organização social, a sociedade sem Estado, sobre a qual muitas visões foram propostas: coletivista, comunal, federalista e, mais recentemente, ecológica. Contudo, o princípio da anarquia desalojaria não apenas a autoridade da ordem atual do poder estatal e político, mas também a autoridade epistemológica de ordens e princípios norteadores, supostamente mais morais e mais racionais, que a substituiriam[3].

Então, o princípio da anarquia torna a política anarquista impossível? Isso simplesmente a transforma em niilismo? O anarquismo sempre teve uma relação ligeiramente ambígua com o termo "anarquia". A caricatura crua dos anarquistas como semeadores da desordem e do caos – "anarquia" entendida no senso comum – levou os anarquistas a se distanciarem desta palavra, ou a transformarem seu sentido naquele de um novo tipo de ordem, como expresso no slogan de Proudhon: "Anarquia é ordem, governo é guerra civil!". Contudo, se tomarmos a noção de anarquia como sendo um simples "sem *arché*" ou sem lei de ordem, então a anarquia passa a significar nem a desordem, tampouco a ordem espontânea, como pretendida por Proudhon, mas algo bastante diferente. A noção de anarquia que estou desenvolvendo aqui, via Schürmann, relaciona-se especificamente à ideia de pensamento e ação libertos de *telos*, de fins predeter-

---

[3] De fato, Salvo Vaccaro sugere que o anarquismo não deveria se ver como uma filosofia baseada em fundações ontológicas estáveis; esta ordem estática de verdade reflete o princípio soberano do Estado. Em vez de se alicerçar em uma *arché*, o anarquismo, na medida em que é inseparável dos movimentos históricos reais, deveria abraçar uma ontologia mais pluralista e dinâmica (ver Vaccaro, 2013). Um ponto similar é feito por Hakim Bey (1991), cujo conceito de anarquia ontológica enfatiza o Caos e o movimento como uma lei da existência.

minados: "'Anarquia' aqui não representa um programa de ação, nem sua justaposição com um 'princípio' para a reconciliação dialética" (1987: 6). É possível pensar o anarquismo não mais como um projeto em busca de, e determinado por, certos fins – a revolução social que trará a sociedade sem Estado – mas, antes, como uma forma de ação autônoma, uma maneira de agir e pensar *anarquisticamente* no aqui e agora, buscando transformar a situação imediata e as relações em que nos encontramos, sem necessariamente ver essas ações e transformações como levando à grande Revolução Social, e sem medir seu sucesso e falha nesses termos? Além disso, ver o anarquismo desta maneira – como uma forma de ação e pensamento no momento presente, ao invés de um projeto revolucionário específico – colocaria menos ênfase em alcançar o objetivo tradicional de uma sociedade sem Estado. Não há nenhum problema com imaginários utópicos e, em verdade, um certo impulso utópico é central para todas as políticas radicais no sentido de que perfura os limites de nossa realidade atual. Contudo, que garantias existem de que a realização da sociedade sem Estado – na medida em que isto é uma possibilidade – não traria consigo suas próprias coerções imprevistas? Foucault nos ensinou a ver as relações de poder como sendo coextensivas com qualquer formação social, sem Estado ou não, razão pela qual ele permaneceu cético quanto à ideia de liberação revolucionária, argumentando que sempre haverá a necessidade de modos contínuos de resistência e práticas de liberdade, mesmo em uma sociedade pós-liberação[4]. Voltarei a esta ideia de práticas de liberdade mais tarde.

---

4 Em uma entrevista, Foucault disse: "essa prática de liberação não é, por si mesma, suficiente para definir as práticas de liberdade que ainda serão necessárias se este povo, esta sociedade e estes indivíduos forem capazes

Então, ao invés de pensar o anarquismo como um projeto distinto, considero mais útil vê-lo hoje em termos de um certo modo de pensamento e ação por meio do qual relações de dominação, em sua especificidade, são interrogadas, contestadas e, quando possível, derrubadas. O que é central para mim no anarquismo é a ideia de pensamento e ação autônoma que transformem os espaços sociais contemporâneos no sentido presente, mas que são, ao mesmo tempo, contingentes e indeterminados no sentido de não serem sujeitos a lógicas e objetivos predeterminados. Isso não significa que o anarquismo não deva ter princípios éticos ou ser apaixonado por certos ideais – mas, antes, que não deve, e talvez nem sequer mais possa, ver-se como um programa específico de revolução e organização social. Isso não significa, é claro, que todos os projetos deveriam ser abandonados, mas sim que não há um Projeto de projetos que determine todos os outros.

Não-poder

Talvez uma outra maneira de desenvolver essa versão do anarquismo e explorar suas implicações políticas seja por meio da ideia foucaultiana de "anarqueologia", uma palavra composta que é utilizada para descrever sua abordagem metodológica à questão da relação entre poder, verdade e subjetividade. Em um de seus muitos estudos sobre o modo em que estamos vinculados a certas relações de poder através de nossa relação com regimes de verdade, especificamente com a verdade sobre nós mesmos enquanto sujeitos, Foucault alega basear suas investigações não em uma tese, mas em uma certa "posição": "Esta é uma atitude que consiste,

---

de definir formas admissíveis e aceitáveis de existência ou de sociedade política" (2000c: 282-3).

primeiro, em pensar que nenhum poder é dado como certo, que nenhum poder, de qualquer tipo, é óbvio ou inevitável e que, por conseguinte, nenhum poder merece ser aceito desde o início" (2014: 77). Em outras palavras, é uma recusa em ver o poder como sendo baseado em qualquer outra coisa que não sua própria contingência histórica – uma posição que despoja o poder de qualquer reivindicação de direito universal, de verdade, de legitimidade ou de inevitabilidade: "não há um direito universal, imediato e óbvio que pode, em todo lugar e sempre, sustentar qualquer tipo de relação de poder" (ibid.: 78). Isso é semelhante a uma sensibilidade anarquista, particularmente aquela do anarquismo filosófico, que rejeita a ideia de que devemos obedecer ao comando de alguém com autoridade simplesmente porque se encontra em uma posição de autoridade – que, em outras palavras, a autoridade não pode se justificar apenas por seus próprios fundamentos. Em verdade, Foucault passa a relacionar essa posição metodológica radical ao anarquismo e, ao mesmo tempo, traça uma importante distinção: se o anarquismo – ou, como ele coloca, a anarquia – se define, primeiramente, pela afirmação de que todo poder é ruim e, em segundo lugar, pelo projeto de sociedade anarquista em que todo poder é abolido, sua própria posição, em contraste, não afirma que todo poder é ruim, mas simplesmente que nenhuma forma de poder é automaticamente admissível e inevitável e, além disso, não é definido por um projeto e um objetivo final específico. Como Foucault coloca:

> Não se trata de ter em vista, no final do projeto, uma sociedade sem relações de poder. É antes uma questão de colocar o não-poder, ou a não-aceitabilidade do poder, não no fim do empreendimento, mas, antes, no começo do traba-

lho na forma de um questionamento de todas as maneiras em que o poder é realmente aceito (2014: 78).

Esta é uma posição, Foucault argumenta, que não exclui o anarquismo nem necessariamente o implica. Novamente, temos aqui a ideia de um anarquismo ontológico em que a ênfase está na anarquia como ponto de partida, ponto de saída para a ação política, ao invés de ser a culminação ou a recompensa final para um empreendimento. Então, para pensar sobre política anarquisticamente, que é o que estou tentando fazer neste livro, talvez precisemos começar com o que Foucault chama de "não-poder" – uma proposição altamente sugestiva cujas implicações desenvolverei mais tarde – e proceder desde aí. Entendida neste sentido, a política anarquista hoje – ou o que chamo de *pós-anarquismo* – pode ser compreendida, como partindo da não-aceitabilidade do poder, uma posição que abre espaço de contingência e liberdade ao invés de seguir um padrão estabelecido de anarquismo. O pós-anarquismo é o anarquismo que começa, ao invés de necessariamente terminar, com a anarquia. Isso significa que não tem um molde ideológico específico e que pode assumir diferentes formas e seguir diferentes cursos de ação. É capaz de resistir e contestar relações específicas de poder em pontos localizados de intensidade, com base em sua ilegitimidade e violência; pode trabalhar contra certas instituições e práticas institucionais por meio da criação de práticas alternativas e formas de organização. Em outras palavras, ao tomar a anarquia ou o não-poder como seu ponto de partida, o pós-anarquismo, como uma forma de pensamento e ação autônomas, pode trabalhar em múltiplas frentes, em uma variedade de diferentes cenários, produzindo reversões e interrupções de relações de dominação existentes.

2. SINGULARIDADES

Se nosso horizonte radical hoje é anarquista ou, como sugiro, *pós-anarquista*, então que tipo de sujeito político o povoa? Haveria um agente revolucionário privilegiado e identificável, como podia ser dito do proletariado no tempo de Marx, ou a dissolução das metanarrativas revolucionárias de que falei no capítulo precedente tornaram a situação hoje mais opaca? No primeiro capítulo, apresentei as bases fundamentais para uma compreensão pós-fundacionalista do anarquismo – uma que toma a anarquia ontológica, ou o que Foucault chama de "não-poder", como seu ponto de partida. Assim como não existe um Projeto revolucionário predeterminado que guia a ética e a ação pós-anarquista, também não existe uma identidade essencial ou um sujeito universalmente reconhecido destinado à emancipação. O objetivo deste segundo capítulo, então, é desenvolver uma concepção pós-anarquista alternativa de subjetividade que evite identidades fixas e representáveis. Meu argumento é que, se olhamos para as insurreições contemporâneas, podemos perceber, em meio a suas chamas e intensidades, um novo modo de subjetividade política que toma a *opacidade* como sua própria forma de expressão. Os sujeitos pós-anarquistas de hoje, em sua resistência aos regimes de visibilidade e representação, esculpem um terreno de vida e uma forma de existência que é ingovernável na medida em que é opaca ao poder. Na verdade, o terreno da anarquia ontológica que explorei previamente nos sugere que a condição de vida – na medida em que não se pode dizer que tenha qualquer identidade, padrão ou *telos* predeterminados – é em sua própria essência ingovernável. Isso não significa, é claro, que vidas individuais não podem ser subjugadas, mas que há sempre uma dimensão anárquica da vida que excede e resiste a esse controle. São essas possibilidades anárquicas da vida e suas implicações políticas que estou interessado em explorar neste capítulo. Gostaria de sugerir que, quando consideramos quem somos e como resistimos hoje, não deveríamos pensar em termos de classe – embora isso ainda seja importante em outros aspectos – nem de identidades particularistas, nem, pior ainda, de um Povo à espera de uma comunidade Soberana – mas sim de *singularidades*, de sujeitos autocriadores sem identidade fixa ou chamado. Essas singularidades, em sua própria existência – que está se tornando cada vez mais politizada –, constituem uma forma de vida autônoma.

O governo neoliberal da vida

Se estamos interessados em entender as maneiras com que a vida hoje pode exceder o alcance do poder, devemos primeiro considerar as maneiras que o poder tenta tornar a vida governável. Todas as formas de poder têm como premissa uma certa captura ou sujeição da vida – ou, como mostrarei em um capítulo posterior, uma certa *auto*-sujeição. Como Foucault demonstrou, ser um sujeito é ao mesmo tempo estar *sujeitado*, mesmo que essa sujeição nunca seja total ou irreversível. A operação de poder, combinada com regimes de conhecimento e verdade – formações que são historicamente contingentes –, tem o efeito de produzir diferentes modos de subjetificação, diferentes maneiras que temos de nos ver. E é por meio de nossa identificação com o apego a essas formas de subjetividade que somos governados, que nosso comportamento é, como Foucault coloca, "conduzido". A genealogia foucaultiana das formas modernas de poder revela uma dimensão pastoral – ou o que poderia ser chamado hoje de uma biopolítica –, remontando às instituições eclesiásticas do início da Idade Média, e à ideia do pastorado cristão. Isso foi caracterizado pela relação pastor-rebanho: o pastor governa seu rebanho tanto coletiva quanto individualmente, cada um e todos, *"omens et singulatim"* (Foucault, 2000a). Essa relação de governo, tanto no nível dos sujeitos quanto da população em geral, encontra sua expressão no Estado moderno e nas racionalidades liberais e neoliberais de governo: de acordo com Foucault, os efeitos disciplinares do poder moderno operam sobre corpos e comportamentos individuais, enquanto seus efeitos biopolíticos regulam e garantem a vida em um nível mais amplo da população. Neste sentido, o indivíduo e o Estado moderno formam uma espécie de díade; os aparatos de poder liberal-modernos não reprimem o indivíduo como tal, mas, ao contrário, operam através da categoria discursiva do indivíduo – até mesmo por meio de noções de seus aparentes direitos e liberdades – a fim de governá-lo. É por isso que simplesmente opor a figura do indivíduo àquela do Estado – como talvez algumas formas ingênuas de libertarianismo estejam inclinadas a fazer[5] – é problemático e essencialmente recai na própria armadilha do poder do qual se quer escapar. Em vez disso, como Foucault (2000b) propõe:

---

[5] Estou me referindo aqui às formas de libertarianismo de direita e do livre-mercado, ao invés do anarquismo.

> A conclusão seria que o problema político, ético, social e filosófico de nossos dias não é tentar liberar o indivíduo do Estado e das instituições estatais, mas de nos liberar tanto do Estado quanto do tipo de individualização vinculada ao Estado. Temos de promover novas formas de subjetividade através da recusa desse tipo de individualidade que nos foi imposta por vários séculos.

Isso implica, segundo Foucault, um certo tipo de forma de luta antiautoritária ou "anarquista" (2002b: 333). Retornarei a essa ideia mais tarde porque, como então argumentarei, a singularidade não deve ser confundida com *individualismo* – ao menos não no sentido liberal – e, em verdade, ela implica uma rejeição das formas constritas e superreguladas de individualidade que nos são oferecidas hoje. A singularidade é a vida que excede essas categorias. Contudo, a ideia geral de Foucault de um poder que governa ou busca governar a vida em seu nível infinitesimal, restringindo-a dentro de categorias representáveis e estatísticas do indivíduo e da população, com suas capacidades e interesses predeterminados, nos dá um quadro geral para compreender as formas frequentemente esgotadas de subjetividade que aparecem em nossas sociedades neoliberais contemporâneas.

No entanto, é provavelmente mais preciso dizer que hoje as sociedades neoliberais de controle em que vivemos não operam mais para produzir categorias estritamente definidas do indivíduo – o consumidor, o cidadão cumpridor da lei, o delinquente, o desempregado, o desviante sexual –, antes, trazem uma série de estados afetivos e limiares subjetivos sobrepostos, os quais podem percorrer o sujeito de maneiras diferentes e contraditórias. Talvez não estejamos mais lidando com o indivíduo, estritamente falando, mas com o que Gilles Deleuze chama de "divíduos", os quais estão situados dentro de redes contínuas de controle e produtividade (Deleuze 1992: 3-7). Aqui o poder assume o caráter de formas sobrepostas de vigilância e regulação ao invés de instituições centralizadas e hierárquicas; (embora estas ainda existam, são menos importantes que os aparatos que ocultam). Em tais regimes, a linha entre as esferas pública e privada tornou-se indistinta – em verdade, quase entrou em colapso: nós vimos, por exemplo, a quase completa privatização de espaços anteriormente públicos, instituições e indústrias, enquanto o espaço privado (o reino da vida privada, por exemplo) tornou-se cada vez mais "público" –, isto é, visível – com vigilância e coleta de dados onipresente –, uma condição de hiper-visibilidade que é ativamente celebrada e trivializada em programas de reality show. Ademais, o Estado está cada vez mais indistinto de corporações e instituições financeiras em cujo interesse ele tão claramente atua. É cada vez mais difícil discernir onde, exatamente, se encontra a soberania hoje. Dentro do edifício em ruínas das instituições e funções estatais, ou nas elites governamentais cujos políticos agora, se espera, que satirizem a si mesmos em programas de TV fúteis? Ou está na forma anônima e sempre-presente do Mercado, cujas obscuras adivinhações e pronunciamentos sobre a classificação de crédito de uma nação enviam os governos a paroxismos de medo e constrangimento e que, como Foucault afirmou (2008), funciona hoje como o lugar de soberania da veridição? É claro, também vemos o estreitamento das funções do Estado em seu núcleo de policiamento, securitização e punição; quanto mais o Estado se "contrai" sob a racionalidade neoliberal, mais a instituição da polícia parece se expandir. Somos agora saudados com a visão de forças policiais militarizadas em nossas ruas, cada vez mais preparadas para usar violência letal contra cidadãos desarmados e persegui-los pelas mais triviais das infrações. Dadas essas estranhas permutações e contorções do espaço político contemporâneo, precisamos refletir mais cuidadosamente sobre o que isso significa para o sujeito e para a questão da atuação política. Certamente, parece que a noção de cidadania quase perdeu sua significância e as lutas por reconhecimento, direitos cívicos e representação política – enquanto ainda pertinentes talvez para pessoas altamente marginalizadas tais como os migrantes sem documentos – ocorrem hoje em um palco vazio.

O sujeito neoliberal

O regime neoliberal que nos cerca de múltiplos e sobrepostos aparatos de controle é totalizante, na verdade, poderíamos dizer totalitário – se é que se pode dizer que o totalitarismo coincide hoje com uma certa ausência de forma. Trata-se de um aparato de poder que é difícil de identificar ou localizar em um só lugar, mas cujos efeitos, precisamente por esta razão, são sentidos em todos os lugares. O poder alcança as profundezas da vida de uma maneira sem precedentes: o todo da vida é medido, regulado e julgado por axiomas do mercado, e se o Estado biopolítico não parece mais interessado em assegurar as condições de vida (o poder, hoje, não parece mais se importar tanto se vivemos ou morremos)[6], isso simplesmente ressalta o grau em que a lógica de mercado permeou a racionalidade governamental. Porém, na medida em que permanecemos vivos, estamos inseridos

---

6 Uma referência à fórmula de Foucault de biopoder: "um poder de *promover* a vida ou de *proibi-la* até o ponto da morte" (1981: 138; ênfase no original).

em um aparato que busca capturar cada faceta da existência e do desejo dentro de seus circuitos – de consumo, comunicação, espetáculo, hiper-visibilidade, fruição idiota, trabalho interminável e sem sentido, dívida e constante insegurança – criando uma dependência ilimitada. Contudo, esse estado de dependência e controle é uma coisa curiosa porque assume a máscara formal de liberdade e independência. A natureza totalizante do regime neoliberal repousa no fato de que somos governados em nome de nossa liberdade (espera-se que sejamos escolhedores racionais livres e autossuficientes); o sujeito é empurrado de volta para si mesmo e seus próprios recursos, tornando sua vida uma constante incerteza, o que lhe permite ser mais efetivamente governado. Os espaços são fornecidos para as diferenças e gostos individuais, mas apenas através de sua comoditização, produzindo, assim, uma conformidade sem paralelo. Este regime não se preocupa mais com o que pensamos – nos é concedida certa liberdade de pensamento – desde que obedeçamos por meio de nossas práticas, comportamentos e rituais diários. Conforme mostrarei em um capítulo posterior, é somente por meio da *continuidade* desses comportamentos e rituais, em que nosso desejo é constantemente alienado, que o poder neoliberal é sustentado. O Mestre a quem obedecemos é invisível, e de muitas maneiras apenas uma criação de nossa própria obediência, porém nós assim o obedecemos como se fosse absoluto. Além disso, não é verdade que o capitalismo neoliberal oblitere todos os laços sociais; antes, cria laços novos e mais estreitos, os quais renovamos todos os dias, que nos comprimem cada vez mais em um corpo social espectral.

Podemos identificar um número de estados subjetivos produzidos por esta estranha máquina, intensidades afetivas que se sobrepõem uma à outra no (in)divíduo contemporâneo. Por exemplo, estamos sujeitos a aparatos ubíquos e medidas de segurança, do mais mundano e cotidiano (câmeras de segurança, coleta de dados através de buscas na internet e assim por diante) até os mais terroristas – medidas anti-terroristas draconianas e de controle de fronteiras e poderes excepcionais da polícia. Vivemos em regimes de hiper-visibilidade em que tudo deve estar exposto e onde devemos continuamente nos oferecer para inspeção. Basta observar os passageiros passando pela segurança do aeroporto, dando tal mostra de sua conformidade, querendo parecer *demasiado felizes* por terem seus corpos e bagagens revistados. Porém, se nossas vidas devem ser continuamente protegidas, por que nos sentimos inseguros? Por que as medidas de segurança aprimoradas apenas nos deixam ainda mais ansiosos? Porque começamos a temer a segurança mais do que a coisa contra a qual estamos sendo protegidos; tememos o dia em que podemos chamar a atenção das autoridades, em que venhamos a aparecer, ainda que erroneamente, como um sujeito de risco, um indivíduo suspeito.

Claro, o que contribui para nossa ansiedade – e devemos notar o fato de que a ansiedade, conjuntamente com outras desordens mentais, está se tornando mais prevalente hoje – é a situação da precariedade econômica em que a maioria de nós se encontra. Assombrados pelo espectro do desemprego, débito e pobreza, nos agarramos ao que temos, temerosos de perder nossos empregos, de afundar em esquecimento financeiro. Portanto, trabalhamos por mais tempo e mais arduamente do que nunca e, com as tecnologias de comunicação modernas, estamos sempre no trabalho, sempre contactáveis, sempre dispostos a fazer o que quer que nos seja pedido. Por isso, o sujeito precário é também um sujeito dócil e obediente; o espectro da destituição econômica, de decair à "vida nua", bem como a ameaça de um Estado punitivo crescente, trabalha para nos deixar na linha. Porém, há algo mais, um tipo de *servidão voluntária* que é mais difícil de explicar e que explorarei posteriormente.

Obediência e docilidade são induzidas hoje através dos hábitos cotidianos de consumo e comunicação. O sujeito contemporâneo é um sujeito constantemente distraído. Muito foi escrito sobre os efeitos chocantes e desorientadores das informações e imagens supérfluas com as quais somos sobrecarregados hoje, e a dissonância cognitiva e infelicidade subjetiva produzida por nossa total imersão nos circuitos do capitalismo comunicativo. Sofremos de um tipo de transtorno de déficit de atenção tecnologicamente induzido. Não apenas somos superestimulados pela constante ativação semiótica, através de tecnologias comunicativas invasivas e onipresentes – além dos limites do que nosso organismo pode suportar (Berardi, 2009) – mas também, somos atraídos, por meio da participação em mídias sociais e blogs, para circuitos de *gozo* capitalístico acompanhado por redes de vigilância (Dean, 2010). Embora não haja dúvida de que essas tecnologias de comunicação também forneçam ferramentas poderosas de anonimato e de resistência, há aqui um perigo de sua fetichização. A abundância de informação é, ao mesmo tempo, de alguma forma incapacitante: sabemos o que está acontecendo – os segredos de Estado e do poder corporativo são revelados e documentados em toda sua obscenidade – e, ainda assim, frequentemente nos sentimos impotentes para agir, além do gesto impotente do "clictivismo". Embora desmascarar o poder através da comunicação seja inquestionavelmente algo bom, simplesmente torná-lo transparente não é o suficiente. Na verdade, tem-se a sensação de que hoje não importa mais se o poder está nu ou vestido, contanto que se continue a obedecer. Ademais, há pouco elemento para apoiar a afirmação feita por alguns dos entusiastas levianos de tais tecnologias, de uma nova classe revolucionária de cognitariado emergindo através das redes de capitalismo comunicativo, como se pensava que o proletariado fazia nos tempos de Marx[7]. O potencial radical dessas tecnologias é muito mais ambíguo, tal como são as formas de subjetivação que produzem. O que parece claro é que a resposta ao impasse no qual a política radical se encontra hoje, não necessariamente repousa em mais ou melhor comunicação. Em uma conversação com Toni Negri, Deleuze coloca bem:

> Você pergunta se as sociedades de controle ou de comunicação levarão às formas de resistência que podem abrir o caminho para um comunismo entendido como a "organização transversal de indivíduos livres". Talvez, eu não sei. Mas não teria nada a ver com as minorias se manifestando. Talvez o discurso e a comunicação tenham sido corrompidos. Eles são totalmente permeados por dinheiro – e não por acidente, mas por sua própria natureza. Temos que sabotar o discurso. Criar sempre foi algo diferente de se comunicar. O ponto chave é criar células de não comunicação, disjuntores para que possamos escapar do controle (Deleuze e Negri, 1995).

O que se pode tirar dessa afirmação sugestiva é que a política vindoura não será sobre a comunicação de demandas de identidades representáveis buscando visibilidade no palco público. A política não será sobre lutas de reconhecimento, nem será baseada na ideia de comunicação racional.

---
[7] Estou me referindo à tese de Hardt e Negri (2001) sobre a multitude.

Em vez disso, assumirá a forma de *incomunicabilidade* – isto é, opacidade e anonimato. Voltarei a este ponto mais tarde.

O que contribuiu ainda mais para nossa condição de distração e esmorecimento não é apenas a religião do consumismo – cuja captura de nossos desejos ainda constitui o maior obstáculo de qualquer tipo de transformação radical –, mas também o mundo simulado de espetáculos midiáticos, em que a própria política é reduzida à banalidade de um *game show*, e em que megaeventos como os Jogos Olímpicos e a Copa do Mundo parecem servir à mesma função nos regimes neoliberais que o "pão e circo" tinha na Roma antiga. As insurreições contra o espetáculo ignominioso da Copa do Mundo no Brasil em 2014, em meio à pobreza das favelas, são um sinal de esperança de que o poder mágico dos espetáculos em nossa sociedade está começando a se dissolver. Superar o desejo consumista, que é tão profundamente enraizado dentro de nossa subjetividade, é um obstáculo muito maior – exigindo novas formas de subjetivação, e talvez até uma afirmação de um certo tipo de "vida austera" – do que é para uma vida que consome apenas o que é absolutamente necessário.

Porém, a política radical deve, no momento presente, confrontar as formas cada vez mais patológicas, reacionárias e psicóticas de subjetividade que aparecem em nosso horizonte. A idiotice, e um esvaziamento geral do sentido, podem ser encontradas em todos os lugares, desde nossa fascinação com os programas de TV mais entorpecentes até a absoluta banalização do discurso político e a uma infantilização geral da cultura. A impotência de nossas vidas também parece encorajar não a rejeição da ordem atual, que nos apresenta as coisas como são, mas, antes, a um ressentimento fervilhante contra certos grupos marginalizados – pobres, imigrantes – que se manifesta em formas de política cada vez mais xenófobas e racistas, até mesmo fascistas. O estranho retorno de todo tipo de fundamentalismo, como uma reação niilista à condição de anarquia ontológica, ameaça infligir violência incalculável ao mundo. Impulsos depressivos e suicidas são outro sintoma do mundo alienado em que nos encontramos, uma resposta normal, talvez, a uma situação anormal. Tais são as patologias perigosas, destrutivas e autodestrutivas que reconhecemos ao nosso redor e, algumas vezes, dentro de nós mesmos, e que qualquer avaliação honesta das possibilidades de política radical atual deve enfrentar.

Sujeitos radicais

Apesar deste quadro bastante sombrio, vemos muitos sinais de resistência. O regime de controle que diagnostiquei, embora totalizante em sua lógica, nem sempre funciona. Há lampejos de insurreição ao nosso redor, oferecendo-nos um vislumbre de modos alternativos de subjetivação política caracterizada por um desejo de vida autônoma. Anteriormente, discuti sobre formas de mobilização política associadas com o movimento *Occupy*, enquanto também apontei para formas subterrâneas e rizomáticas mais cotidianas de resistências e de ação direta, como as que podem ser encontradas em hackear redes de computadores. Meu argumento é que essas práticas incorporam uma nova forma de subjetividade e ação que não pode ser adequadamente capturada dentro das categorias mais familiares de política. Em vez disso, o que distingue as subjetividades radicais contemporâneas é a recusa de qualquer tipo de identidade representável. Em verdade, podemos dizer que incorporam um gesto de *desidentificação*.

As lutas radicais contemporâneas são lutas contra o modo de vida capitalista e contra um sistema financeiro apoiado pelo Estado que tem saqueado os meios de subsistência das pessoas em todo o mundo; as preocupações econômicas formam o pano de fundo de muitas lutas hoje, que emergem do trabalho, de suas misérias, de suas inseguranças, ou da simples ausência de trabalho. Ademais, com a intensificação dos processos do capitalismo neoliberal ao redor do mundo, sua exploração de rapina dos seres humanos e do mundo natural, sua distribuição desigual de riquezas e recursos, poderíamos falar de um processo de encerramento e subjugação, que é talvez experienciado diferentemente em diversos contextos, cuja lógica geral é essencialmente a mesma em todo lugar. Ao mesmo tempo, porém está claro que, em nossas sociedades pós-industriais, o entendimento marxiano do proletariado como uma classe revolucionária universal, organizada e dirigida pelo Partido Comunista, não é mais válido. Até mesmo no tempo de Marx, os anarquistas apontavam o que viam como uma natureza estreita e exclusivista de uma política revolucionária organizada em torno da classe trabalhadora industrial como um sujeito privilegiado; preferiam, por sua vez, a noção de "massa", que era mais heterogênea e incluiria o campesinato e o lumpemproletariado (Bakunin, 1950: 47). Hoje, embora a dimensão de classe ainda esteja presente em muitas lutas, não é mais possível pensar em termos de uma consciência de classe proletária ou de um movimento operário unificado. As subjetividades hoje são simplesmente muito dispersas, fragmentadas ou heterogêneas para isso; a metanarrativa da grande revolução proletária colapsou, e o movimento trabalhador – ao menos na maioria das sociedades ocidentais – foi, desde os anos pós-guerra do século passado, desviado para os agora ossificados partidos socialdemocratas e para os sindicatos.

Igualmente inadequado, se não mais, seria ver as lutas contemporâneas através das lentes da "política de identidade" – isto é, lutar por reconhecimento e direitos em nome de identidades marginalizadas específicas. Com algumas possíveis exceções – tais como as reivindicações de direitos de certas minorias religiosas e étnicas que vivem sob regimes teocráticos e autoritários, ou aqueles de povos indígenas, ou as lutas dos migrantes sem documentação em sociedades liberais –, nada poderia ser menos desafiador para a ordem neoliberal do que o desejo por reconhecimento por parte de identidades particulares, sejam elas culturais, sexuais ou qualquer outra. Tais reivindicações por reconhecimento político e cultural, embora importantes no passado, são agora simplesmente inscritas dentro da ordem estatal neoliberal, incorporadas por meio de sua lógica de representação em que diferenças e particularidades, desde que sejam identificáveis e representáveis, são simplesmente acomodadas pelas instituições existentes: mesmo muitos conservadores hoje em dia apoiam a ideia de casamento gay, por exemplo. A política de identidade corre o risco de cair em uma armadilha onde alguém está, em certo sentido, aprisionado dentro de sua própria subjetividade, cujos interesses e desejos foram esculpidos pelo poder; é bom lembrar a intuição de Foucault de que a tarefa da política hoje não seria descobrir quem nós somos, "mas recusar quem nós somos" (2000b: 336). Ademais, a afirmação de uma identidade marginalizada específica frequentemente produz formas de *ressentimento* baseadas na percepção que alguém tem de seu próprio sofrimento e vitimização, o que Wendy Brown (1995) chama de "apegos feridos". Há um tipo de narcisismo em ação em certas formas de políticas de identidade, em que a insistência na discriminação de alguém nas mãos de instituições sexistas ou heteronormativas passa a ser o que define a identidade de alguém. Na melhor das hipóteses, a política de identidade se torna uma forma benigna de liberalismo, obcecada com a representação de identidades cada vez mais particulares e marginais – como em L-G-B-T-Q. Na pior das hipóteses, na insistência de uma identidade autêntica, que é constantemente vitimizada, a política de identidade torna-se semelhante a uma forma de fundamentalismo. De qualquer forma, esse tipo de política de representação e reconhecimento atingiu um ponto de exaustão.

Pode-se dizer que as lutas contemporâneas são, por outro lado, populistas? Estão consagradas em uma nova figura do Povo? Embora houvesse talvez um leve traço de populismo no slogan de 99% do *Occupy* – por mais que altamente simbólico e abstrato –, as lutas radicais por autonomia não podem ser encapsuladas na lógica do populismo. E embora alguns pensadores radicais como Ernesto Laclau (2005) e Jodi Dean (2012) tenham, de diferentes maneiras, buscado teorizar novas formas de luta populista, o problema com essa abordagem é que ela inevitavelmente invoca uma política soberana, pela qual a figura de um Povo existe apenas na medida em que há um Líder que os representa. Em última análise, o Povo é sempre a figura do Estado. Recordemos o temível frontispício do *Leviatã* de Hobbes, que retrata o Povo como uma figura unificada e totalizada comprimida dentro do corpo do Estado; os indivíduos que compõem esse "corpo político" coletivo olham para cima com olhos de medo e amor para seu Mestre soberano. Hoje, o Povo é uma figura cada vez mais arcaica para a política, articulada como está por ordem do Estado-nação em ruínas, cuja decomposição parece apenas incitar o nacionalismo e o racismo. Embora nem todos os populismos sejam racistas – na verdade, eles são em alguns contextos socialmente progressistas e emancipatórios –, nacionalismo e racismo continuam sendo sua tentação permanente.

A política do incomunicável

Em contraste com estas categorias prévias, todas baseadas em um certo sujeito político representável, as subjetividades pós-anarquistas contemporâneas assumem uma forma inteiramente diferente – a de uma recusa de representação como um todo. Como já pontuado, o que é frequentemente característico de muitas formas de política radical é a recusa, não apenas dos modos formais de representação política – partidos políticos, participação em eleições, e assim por diante –, mas também da comunicação de demandas políticas. O objetivo não é comunicar demandas e propostas de Poder, pois isto apenas afirma a própria posição de Poder; não deve ser um contra-Poder ou contra-hegemonia. Em vez disso, o propósito é gerar formas de interação e intensidade política autônoma. Isso talvez explique a importância de linguagem não-verbal, gestual, encontrada em muitas formas de ativismo hoje – sejam sinais de acordo ou dissidência na tomada de decisão coletiva nos campos do *Occupy*, ou o gesto irônico e comovente de levantar as mãos (dizendo "Não atire!") em condenação da recente violência policial nos EUA, ou as aglomerações espontâneas de pessoas que agora vemos em espaços públicos (o que costumava ser chamado "*flash mobbing*", mas que agora assumiu uma ressonância política maior). Esta política do gesto deve ser colocada conjuntamente com outras formas de ação direta que já existem há algum tempo – como as destruições dos campos de cultivo dos OGM[8] e a interrupção das cúpulas capitalistas globais.

Um gesto é particularmente marcante e significativo: cobrir o rosto e ocultar as identidades em agrupamentos de massa. Por anos, os participantes do *black bloc* anarquista cobriram seus rostos com máscaras de esqui e bandanas antes de se envolverem em confronto direto com a polícia em demonstrações anticapitalistas[9]. Agora, o uso de máscaras – particularmente a onipresente máscara "V", que se tornou um símbolo universal para os Anônimos – é uma característica comum das convergências ativistas em muitas partes do mundo. Qual é o significado de usar máscara? Isso deve ser visto como mais do que apenas uma prática de medida de contra-vigilância, embora seja isso também; sabemos que em qualquer demonstração ou agrupamento hoje, mesmo a mais inofensiva, há hordas de policiais fotografando os protestantes. Mais significativamente, é um gesto simbólico de invisibilidade e anonimato – em outras palavras, uma recusa de se tornar visível e, portanto, de ser representado dentro de uma identidade particular. Em nossos regimes de hiper-visibilidade, que demandam que tudo esteja à mostra e que todos confirmem suas identidades, talvez o gesto mais radical é desaparecer, se tornar anônimo, imperceptível. A invisibilidade se torna um tipo de arma. O manual de insurreição do *Comitê Invisível* nos aconselha a "*Fugir da visibilidade. Transformar o anonimato em uma posição ofensiva*" (2009: 112, ênfase no original). E, ainda assim, essa recusa de visibilidade se torna, ao mesmo tempo, um gesto político al-

---

8 Organismos Geneticamente Modificados. [NT]

9 A tática do *black bloc* se originou com o movimento alemão Autonomen nos anos 1970 e 1980.

tamente visível – faz com que os sujeitos apareçam em toda a sua intensidade. Podemos perceber aqui, aliás, uma rejeição simbólica de toda a lógica de reconhecimento e, portanto, de políticas de identidade – identidades e diferenças se tornam imperceptíveis nessa massa anônima de máscaras. O Comitê Invisível prossegue: "Ser socialmente nada não é uma condição humilhante, a fonte de alguma trágica falta de reconhecimento – de quem buscamos reconhecimento? –, mas é, ao contrário, a condição para a máxima liberdade de ação" (ibid.: 113). Como mostrarei mais tarde, entretanto, essa interação com os corpos anônimos não significa o eclipse do sujeito dentro de uma organização coletiva, de forma que as diferenças dele ou dela sejam negadas, mas, antes, uma forma completamente diferente de relação política que pode ser denominada *singularidades*.

Também é impressionante aqui o aparecimento dos Anônimos como um símbolo paradoxal de ativismo contemporâneo – não tanto um grupo, e certamente não uma organização política formal, mas, antes, uma formação rizomática de indivíduos anônimos que se espalha através das redes de nossas sociedades de controle neoliberais, rompendo seus circuitos em pontos críticos, hackeando os bancos de dados dos governos, revelando os segredos de corporações e Estados, espionando os espiões e causando tanto estrago quanto possível dentro do sistema de poder – criando, como Deleuze colocou anteriormente, "vacúolos de não-comunicação". O fato de que agências governamentais simplesmente não sabem como lidar com esse assalto em seus aparatos de controle e vigilância é indicativo do poder e ressonância da inviabilidade atual. Foucault uma vez disse que ele escrevia para não ter rosto. Talvez, da mesma maneira, as singularidades hoje se tornem invisíveis, se apaguem e se desidentifiquem, a fim de criar um espaço para autonomia e liberdade de ação política.

Singularidades

Então, como devemos entender essa noção de singularidade – uma forma de subjetividade que elude identidades estritamente definidas e cria para si mesma, em associação com outros, um espaço autônomo de existência? Houve um número de abordagens acerca disso na filosofia continental. Giorgio Agamben, por exemplo, desenvolveu a noção de singularidades – o que chama de *singularidades quaisquer* – como um novo tipo de figura pós-soberana que não pode ser assimilada dentro das estruturas representativas do Estado e cujo aparecimento, em aglomerações políticas espontâneas, sugere a possibilidade de uma forma inteiramente nova de política pós-identidade. "Singularidades quaisquer" formam uma "comunidade que vem" que é identificada não através de qualquer categoria particular, mas simplesmente pela condição de pertencimento – um tipo de comunidade aberta, amorfa, sem identidade ou fronteiras. Na medida em que essa comunidade de singularidades elude a representação dentro de categorias predeterminadas (nacional, religiosa, classe), ela apresenta, de acordo com Agamben, uma ameaça inaceitável ao Estado, cuja única resposta é declarar guerra contra ela. Em uma passagem obscura e de certa maneira presciente, que invoca um horizonte político anarquista, Agamben diz:

> A novidade da política que vem é que não será mais uma luta pela conquista do controle do Estado, mas uma luta entre o Estado e o não-Estado (humanidade), uma indis-

sociável disjunção entre as singularidades quaisquer e a organização estatal (1993: 54-5; ênfase no original).

Porém, prossegue dizendo que essa insurreição de singularidades contra o Estado não é o mesmo que a simples oposição entre a sociedade, ou o princípio social, e o Estado – uma oposição binária, maniqueísta que, como sugeri anteriormente, caracteriza o anarquismo revolucionário do século dezenove. Em vez disso, as "singularidades quaisquer" não podem formar uma sociedade ou um corpo social, porque não afirmam qualquer tipo de identidade. Esta é uma importante qualificação, que, como argumentarei no próximo capítulo, nos permite fazer uma distinção entre revolução e insurreição. O ponto chave aqui é que o pós-anarquismo não se ancora na ideia de um corpo social coerente, baseado em formas pré-existentes de vida comunitária e relações de sociabilidade, mas, ao contrário, pressupõe um desfazimento e uma ruptura deste corpo. A noção de Agamben de "singularidades quaisquer" é relacionada ao seu profundo interesse no que ele chama de forma-de-vida, tratando-se de "uma vida que nunca pode ser separada de sua forma, uma vida em que nunca é possível isolar algo como uma vida nua" (2000: 3). A política na tradição ocidental, desde a antiguidade, tem sido baseada na separação da vida biológica ou nua (*zoé*) da vida politicamente qualificada (*bios*). Enquanto na era biopolítica moderna vimos o eclipse desta distinção, de tal forma que a existência biológica se torna o próprio objeto de cálculos e racionalidades políticas – produzindo uma vida nua enquanto capturada no estado soberano de exceção –, a afirmação de Agamben é que esse desenvolvimento, ao mesmo tempo, abre novas possibilidades para uma política de vida alternativa. Isso envolveria uma certa compreensão da subjetividade na qual a maneira de criação de vida de alguém sempre incorporaria uma potencialidade política constantemente presente. Esse novo sujeito político tem, a meu ver, uma existência ontologicamente anárquica no sentido de que não é mais definido por essência biológica, vocação, projeto ou destino. Ele aponta para a importância de recuperar as possibilidades de uma vida política autônoma e contingente para seu próprio bem.

A compreensão de Agamben da singularidade sugere a possibilidade de uma nova forma de associação com os outros, definida não por uma identidade específica, mas pelo pertencimento. Em verdade, uma das tarefas centrais da teoria política, parece-me, é de repensar a própria ideia de comunidade de maneiras que, por um lado, não mais construam fronteiras absolutas e criem exclusão e, por outro lado, não mais assimilem e esmaguem aqueles que estão incluídos. Falarei mais sobre isso na sequência, mas outro pensador que abordou essa questão, outra vez por meio da noção de singularidade, é Jean-Luc Nancy. Na era da dissolução da noção de comunidade – sintomática do colapso das metanarrativas e do eclipse dos horizontes universais de que falei no capítulo 1 –, Nancy argumenta que não é mais possível restaurar a ideia de uma comunidade orgânica e imanente, definida por uma essência; isso pode levar apenas ao totalitarismo. Em vez disso, propõe a ideia de uma comunidade de não-essência, não-imanência, definida não por qualquer identidade particular, mas por sua própria abertura e finitude. Nem tampouco a comunidade deve ser definida por um *telos* específico, um trabalho de produção ou um projeto a ser alcançado – tal como alcançar o destino da Humanidade ou da Liberdade ou, no caso do anarquismo, a sociedade sem Estado; como mostrei no capítulo 1, o anarquismo do projeto revolucionário de liberdade dá lugar a um pós-anarquismo que, em vez disso, toma a liberdade ontológica como o *ponto de partida* de qualquer entendimento sobre a política e a comunidade. Ao mesmo tempo, para Nancy, a resposta não repousa na figura do indivíduo como distinta da comunidade; o indivíduo – ao menos no sentido liberal – é uma figura simétrica àquela da comunidade absoluta, na medida em que é uma totalidade soberana auto-encerrada (1991: 3). A afirmação de Nancy é que esse atomismo do sujeito individual é impossível porque a própria noção implica em relações com outros, na medida em que alguém se diferencia de outros e, portanto, há uma inevitável abertura para o mundo. A comunidade, então, deve ser pensada em termos de uma relação de abertura que desfaz identidades autárquicas e soberanas, tornando impossível o fechamento e a totalidade de qualquer tipo.

É aqui que se encontra a ideia de singularidade – e de uma comunidade de singularidades – como distinta do indivíduo atomizado e em oposição à noção de absoluto. Para Nancy, a singularidade é um tipo de finitude, um espaço relacional de compartilhamento com outros – o que ele chama de *ser singular plural* (ver Nancy 2000: 1-99) – que coloca em primeiro lugar o Ser, cuja essência é, portanto, finita; em verdade, a singularidade, na medida em que rompe a consistência e soberania de qualquer identidade por, em certo sentido, à des-fundamentar, está ligada à ideia de anarquia ontológica desenvolvida anteriormente. A comunidade pode ser vista como a coexistência ou co-aparecimento (o que Nancy chama de *comparution*) dessas singularidades, cujo ser-em--comum não está fundamentado em nenhum ser social ou identidade social anterior, mas é sempre contingentemente definido por essas próprias singularidades: "não há nenhuma comunhão de singularidades em uma totalidade superior a elas e imanente ao seu ser comum" (Nancy 1991: 28). Então, sua noção de "comunidade inoperante" de singularidades é, por necessidade, uma comunidade aberta, sem essência, identidade, fronteiras ou projeto predeterminado, uma comunidade ontologicamente anárquica que está sempre se "desproduzindo" e se abrindo para o que está além dela.

O único

Nancy entende a singularidade como uma forma de unicidade ou pluralidade que é irredutível a abstrações e identidades determinadas – tais como Homem, Humanidade, Sociedade (que sempre arriscam violentar a singularidade, engoli-la em uma totalidade) –, mas que, ao mesmo tempo, é única apenas na medida em que coexistem ou co-aparecem com outras. É aqui que quero desenvolver a noção de singularidade e as formas possíveis de coexistência que ela promove através de uma rota diferente, ainda que de algumas maneiras se entrecruzem – a da filosofia egoísta do pouco conhecido filósofo do século XIX, Max Stirner. O anarquismo radicalmente anti-essencialista de Stirner – se é que pode ser chamado assim – é, como sugeri, um ponto chave para a teoria política pós-anarquista (ver Newman, 2011). Embora possa parecer paradoxal recorrer a um pensador que tende a ser considerado um expoente de uma forma extrema de individualismo, quero sugerir que sua noção de ego – *der Einzige*, que é mais acuradamente traduzido como "o único" – não pode ser reduzida a nada como um individualismo liberal, ou mesmo a qualquer identidade, e é melhor entendida em termos de singularidade. Stirner nos dá uma noção clara e mais substantiva de singularidade que Agamben e Nancy, uma que é muito mais útil para entender a subjetividade pós-anarquista contemporânea. Em sua única obra de relevo, *Der Einzige und sein Eigenthum* (comumente traduzida como *O Ego e seu Próprio*[10], muito embora o mais acurado seja "O único e sua Propriedade"[11]), publicado em 1845, Stirner, o mais radical membro do círculo dos jovens hegelianos, lançou um devastador assalto à tradição filosófica – em particular, ao pensamento hegeliano –, bem como ao humanismo de seu contemporâneo Ludwig Feuerbach. Stirner pode ser considerado, certamente, como o primeiro teórico do declínio das metanarrativas, aquele que, mesmo antes de Nietzsche, espiou por trás do Homem e viu Deus reinventado. Assim, segundo Stirner, o projeto racionalista humanista, associado à Feuerbach, de substituir Deus pelo Homem meramente reafirmou a categoria do Divino ao tornar o próprio Homem em um ser sagrado e as categorias supostamente seculares de verdade racional, moralidade, e assim por diante, em preceitos teológicos. Stirner expõe o humanismo, e seus discursos políticos de liberalismo e socialismo, como simplesmente parte de uma cadeia de substituições através da qual a categoria abstrata e alienante do sagrado é rearticulada em trajes seculares. Portanto, para Stirner, "a *religião* humana é apenas a última metamorfose da religião cristã" (1995: 158)[12]. Então, a figura do Homem, de acordo com Stirner, impõe sobre o sujeito um novo tipo de alienação, na medida em que agora se espera que ele viva conforme um certo padrão universal de ra-

---

10 Eu utilizo a tradução de Steven Byington (ver Stirner, 1995).

11 A tradução portuguesa realizada por João Barrento verteu precisamente dessa maneira; cf. STIRNER, Max. *O único e sua propriedade*. Lisboa: Antígona, 2004. [NT]

12 Todas as ênfases nas citações de Stirner aparecem no original.

cionalidade e moralidade e que busque dentro de si mesmo por uma "essência humana" sagrada. Como Stirner declara, então, o "'Homem' é o Deus de hoje, e o medo do homem tomou o lugar do velho temor à Deus" (ibid.: 165).

Para Stirner, vivemos em um mundo assombrado, um mundo de abstrações, aparições, ou o que ele chama de "fantasmas": "Homem, sua cabeça está assombrada... Você imagina grandes coisas, e retrata para si mesmo um mundo inteiro de deuses que têm uma existência para você, um reino espiritual para o qual você se supõe ser chamado, um ideal que te acena" (1995: 43). Estamos fascinados com o que Stirner chama de "ideias fixas" – tais como essência humana, moralidade, verdade racional, sociedade, liberdade – consideradas universalmente compreendidas, e às quais devemos aspirar. Porém, essas são simplesmente abstrações religiosas, ilusões sem qualquer base na realidade. Como expoente de uma anarquia ontológica, Stirner demonstra que não há nenhuma verdade essencial na base de nosso mundo, nenhuma base sólida sobre a qual devemos viver nossas vidas; há apenas um abismo de nada, o que significa que cabe ao indivíduo – ou o que ele prefere chamar de egoísta ou "dono" – determinar para si mesmo sua própria vida. Como diz Stirner, "a essência do mundo é, para aquele que olha para o seu fundo – o vazio" (ibid.: 40).

O anti-essencialismo de Stirner significa que o sujeito não pode ser assimilado nas identidades fixas e determinadas que foram estabelecidas para ele: "não sou nem Deus nem *o* homem, nem a suprema essência nem a minha essência, e, portanto, no fundamental, é indiferente se penso a essência em mim ou fora de mim" (1995: 34). Porém, é a tentativa de subjetivar os indivíduos dentro dessas categorias que cria como um subproduto certas formas de subjetividade degradada ou desviada, a qual Stirner se refere como Inumano (ibid.: 159), ou que Agamben pode chamar de "vida nua". Podemos ver aqui como essa crítica do essencialismo e do humanismo ressoa com as abordagens pós-estruturalistas do sujeito, e particularmente com o convite de Foucault para "recusar quem somos" como uma forma de resistência ao "governo de individualização" liberal. Stirner considera os modos pelos quais os regimes políticos liberais constroem certas figuras do indivíduo como portadores de direitos, os quais eram supostamente livres, ou precisavam ser libertados, e, contudo, através dessas ficções, estavam cada vez mais ligados ao Estado: "Isso não significa a minha liberdade, mas a liberdade de um poder que me governa e me subjuga" (ibid,: 96). Em outras palavras, quanto mais livre o indivíduo de acordo com as coordenadas da ideologia liberal, mais livre o Estado é para governar o indivíduo. Por exemplo, a noção de igualdade formal de direitos não reconhece a diferença e as singularidades individuais, mas, ao contrário, engole-as em uma totalidade imaginária – o corpo político ou Estado. Não há nada de errado com a igualdade enquanto tal, para Stirner; acontece apenas que, em sua incorporação no Estado liberal, o indivíduo é reduzido a uma comunalidade ficcional que assume uma forma institucionalizada. A "igualdade de direitos" significa apenas que "o Estado não tem consideração por minha pessoa, que para ele eu, como qualquer outro homem, sou apenas um homem" (ibid.: 93). Direitos são garantidos, através do Estado, ao Homem – a esse espectro abstrato –, e não a uma pessoa real. Em verdade, Stirner vê o liberalismo não tanto como um regime particular, mas, antes, como um tipo de máquina subjetivadora que toma diferentes formas – *política*, *social* e *humana* – por meio da qual a liberação progressiva do Homem é concomitante com a eliminação do ego.

Então, que tipo de existência o sujeito pode ter além desse mundo de abstrações, fantasmas e instituições políticas e sociais que buscam transformá-lo no Homem? Para Stirner, a posição que devemos adotar é a de afirmar o ego como nossa única realidade concreta e tomar isso como nosso ponto de partida ao encontrarmos o mundo. Como Stirner declara, "nada é mais para mim do que eu mesmo!" (1995: 7). É essa posição que levou a certas interpretações errôneas de Stirner; como um solipsista que nega a existência da realidade externa ou como um proponente de um individualismo egoísta. Em vez disso, ao tomar o ego como a única realidade ontológica, ele está buscando minar a autoridade dos conceitos transcendentais e seu domínio sobre nós e convidar as pessoas a se afirmarem em sua unicidade e singularidade como sua única causa. A filosofia do egoísmo de Stirner é um programa de autonomia, ou o que ele chama de "propriedade", o que discutirei com maior detalhe em capítulos posteriores. Porém, como disse, o egoísmo não deve ser confundido com o individualismo, o qual é uma categoria subjetiva liberal. Ao contrário, deve ser entendido em termos de singularidade e unicidade. Ademais, e esse é o ponto importante, esse ego singular não é uma essência de qualquer tipo – não é um indivíduo com um conjunto de propriedades e interesses; ao contrário, é uma espécie de *nada*, o que Stirner chama de um "nada criativo", em um constante estado de fluxo e devir, consumindo-se e criando-se de novo. O sujeito como singularidade é aquele da unicidade absoluta – não apenas, ou nem mesmo, no sentido da diferença, que pode ser uma aspiração, mas no sentido de ser *indefinível*:

> Eles dizem de Deus, "não use seu nome em vão". Isso vale para mim: nenhum *conceito* me expressa, nada que é designado como minha essência me esgota; são apenas nomes. Da mesma forma, dizem que Deus é perfeito e não tem dificuldade de se esforçar pela perfeição. Isso também vale para mim mesmo. Sou dono do meu poder, e o sou quando me conheço como único. No único, o próprio dono retorna para seu nada criativo, do qual nasceu (Ibid.: 324).

Ser singular é ser *indefinível*, e, como sugeri acima, ser indefinível, ou irrepresentável, é ser *ingovernável*. Encontramos um forte paralelo aqui com a noção de Agamben de "singularidades quaisquer", e, em verdade, com os experimentos políticos de anonimato.

A união de egoístas

No entanto, que tipo de comunidade é possível entre essas singularidades? Stirner rejeita todas as comunidades estabelecidas – especialmente nação e Estado – como fantasmas, como corpos sociais abstratos e coletividades cuja causa, seja liberal ou comunista, o egoísta está subordinado. O conceito de "sociedade" é o grande altar sobre o qual o único é rotineiramente sacrificado. Em contraste a essas formas espectrais de comunidade, Stirner introduz seu conceito de "união de egoístas" (*Verein von Egoisten*), única forma de associação coletiva que sua filosofia do egoísmo aprovará (1995: 161). A ideia aqui é de uma forma completamente voluntária de associação à qual o indivíduo egoísta adere para seus próprios fins e que não apresenta nenhuma obrigação vinculativa. Diferentemente de comunidades espectrais fundadas sobre alguma comunalidade essencial imaginada, que simplesmente absorve os indivíduos em uma totalidade sobre a qual eles não têm nenhum poder, a "união de egoístas" é conscientemente desejada e determinada pelas singularidades que a compõem. Talvez algo como isso possa ser encontrado hoje em vários grupos de afinidade radical, ou agrupamentos tal como o *Occupy*, redes tal como os *Anonymous*, ou mesmo os *black bloc* – que não são organizações políticas permanentes baseadas em identidades estáveis, mas, antes, em associações contingentes de intensidades compartilhadas. Podemos pensar na união de egoístas como um contraponto ao corpo político hobbesiano? Em vez de indivíduos solitários e medrosos comprimidos em um corpo social claustrofóbico sob o olhar alienante do soberano, a forma de associação proposta aqui é a de afetos compartilhados e de uma intensidade alegre, em que a singularidade é aumentada ao invés de diminuída mediante suas relações com outras singularidades.

A "união de egoístas", uma formulação aparentemente paradoxal, não deve ser tomada como um modelo preciso de política a ser seguido, em vez disso, como algo revelador da abertura, contingência e multiplicidade da política enquanto tal. Stirner quer limpar o campo político de todas as identidades fixas e universalizantes e afirmar a política como um lugar de contínua invenção e criatividade a partir do qual múltiplas formas de subjetividade, ação e associação podem emergir. Assim, sugere uma forma de associação política rizomática, não soberana e não identitária, que desafia qualquer lógica de representação. A "união de egoístas" é uma figura política que nos permite pensar conjuntamente diferença individual e coletiva como um tipo de corpo múltiplo ou como singularidades múltiplas.

O pensamento de Stirner nos fornece um arsenal de conceitos – tais como *propriedade* e *insurreição* – que são extremamente úteis para a teorização da política radical atual, e que desenvolverei nos próximos capítulos. A ênfase desse pensamento está na intensificação de nossa autonomia, e sua noção do único fornece a formulação mais clara e direta da subjetividade pós-anarquista.

3. INSURREIÇÃO

A temática da anarquia ontológica que venho desenvolvendo até agora exige uma reconsideração não apenas de quem nós somos enquanto sujeitos, mas também de como nos engajamos na ação política e, em particular, como resistimos às formas de subjetificação que nos foram impostas. Se a recusa de identidades fixas e governáveis é central para o pós-anarquismo, então a ação política não pode ser concebida em termos de uma comunicação ou inclusão de demandas dentro das estruturas representativas existentes; se "não-poder" é o ponto de partida do pós-anarquismo, a ação política não pode estar preocupada com a tomada revolucionária do poder ou com a construção de hegemonias democráticas. Que forma a prática política pós-anarquista pode, então, assumir?

Das revoltas contra a violência policial em Ferguson, Missouri, aos movimentos de Ocupação ao redor do mundo, passando por múltiplos exemplos de resistência cibernética, a política radical hoje assume a forma de *insurreição*. Mas o que isso significa, exatamente? Para responder a essa questão, devemos considerar a diferença entre insurreição e revolução. Ademais, devemos nos perguntar por que parece tão difícil hoje pensar em termos de *revolução*; se por revolução entendemos um evento pelo qual a totalidade de relações sociais e políticas seriam transformadas e que, pelo menos na tradição marxista, seria o culminar da história da luta humana. Como propus, vivemos no despertar do colapso das grandes narrativas revolucionárias, nas quais a ideia de uma totalidade social que pode ser apreendida, derrubada e finalmente emancipada, através de uma práxis revolucionária, não é mais operante. Ademais, o modelo revolucionário clássico, pelo qual uma vanguarda organizada assume o controle político das rédeas do poder estatal usando seus aparatos coercitivos para remodelar as relações sociais desde cima, encalhou em várias ocasiões – como de fato os anarquistas previram há mais de um século – e hoje parece mais e mais improvável. Não há hoje um centro distinto de poder, nenhum Palácio de Inverno simbólico para invadir. Em vez disso, somos confrontados com um campo perplexo de relações de poder que assumem a forma de uma rede ao invés de uma hierarquia, um campo em que estamos inseridos e do qual somos, de muitas maneiras, cúmplices. Esse capítulo será, portanto, dedicado a uma exploração de uma compreensão insurrecional alternativa de política radical que vejo como central ao pós-anarquismo. Meu argumento será que a insurreição é caracterizada não por uma luta pelo poder, mas, ao contrário, pela luta por uma vida autônoma.

Anarquismo e revolução social

É preciso recuperar a ideia de insurreição – que é empregada cada vez mais amplamente hoje[13] – da tradição da política radical. É claro que, se entendemos a insurreição como um levante espontâneo contra o poder, então tem havido insurreições desde que foram instituídas formas de política. As

---

13 É significativo que Stéphane Hessel, em seu ensaio *Indignem-se! (Indignez-vous!)* (2011), que serviu como inspiração para mobilizações radicais tais como os Indignados na Espanha e o movimento *Occupy*, fale de *insurreição* ao invés de revolução.

revoltas de escravos do mundo antigo, os levantes camponeses, heresias religiosas ao longo da Idade Média e as revoltas contra o poder autocrático que caracterizaram o período moderno podem ser consideradas insurreições, mesmo que tenham sido brutalmente reprimidas ou cooptadas em movimentos revolucionários organizados que fundaram uma nova ordem política. Aqui, é insuficiente entender a insurreição em termos da distinção – central para os entendimentos modernos de soberania – entre poder *constitutivo* e *constituído*, ou do *pouvoir constituent* e *pouvoir constitué* de que o Abade Sieyès falou em seu panfleto *O que é o Terceiro Estado?* (1789). Essa distinção entre a fonte revolucionária da autoridade, que estava com o Povo ou a Nação, e a ordem político-legal constituída, que se apoiava nessa autoridade, foi implantada por pensadores tanto na direita radical, como Carl Schmitt, quanto na esquerda radical, como Antonio Negri. Este último tem procurado isolar o poder constitutivo (ou o que chama de poder *constituinte*) da ordem política que ele funda, argumentando que, como uma força revolucionária, o poder constitutivo contém uma dimensão insurgente que sempre excede e resiste a essa ordem, ameaçando sua estabilidade e incorporando uma potencialidade radicalmente democrática (ver Negri 1999: 10.1). Contudo, como Agamben (1998) apontou, o poder revolucionário constituinte, na medida em que sempre funda uma nova ordem política e legal, permanece preso dentro do paradigma da soberania. Em vez disso, Agamben propõe algo como um poder *destituinte*, significando uma retirada ou êxodo da ordem da soberania e da lei como um todo – uma forma de política que não é revolucionária mas, a meu ver, insurrecional. Falarei mais sobre essa noção de retirada posteriormente, mas podemos ver quão problemática a ideia de poder revolucionário é: a revolução sempre visa a fundação de uma nova ordem política, um novo Estado, e, como os anarquistas argumentaram, foi ingênuo ao extremo acreditar que isso iria simplesmente "definhar" por conta própria uma vez que os objetivos imediatos da revolução tivessem sido alcançados.

Portanto, em contraste com a "revolução política" marxista – a estratégia de capturar o Estado, com todos os seus perigos decorrentes –, os anarquistas do século XIX propuseram a ideia de uma "revolução social", a qual estava voltada para a imediata destruição do poder estatal, um objetivo que permitiria uma transformação mais genuína das relações sociais. É aqui que Bakunin acusou Marx e seus seguidores de meramente perseguirem uma "política de um tipo diferente" ao quererem utilizar o poder estatal para atingir os fins da revolução, enquanto os anarquistas buscavam, como ele disse, "a total abolição da política" (Bakunin, 1953: 113-14). A questão para Bakunin – e ainda é uma questão para nós hoje, embora cada vez mais opaca – é de como seria essa "total abolição da política" caracterizada por uma destruição do poder estatal. Ao falar sobre os preparativos para esta revolução social, Bakunin apela às massas para "organizar seus poderes à parte e contra o Estado" (ibid.: 377). Há uma proposta para a auto-organização do povo, não por meio das organizações representativas do Estado, como os partidos políticos, e nem tampouco através de partidos revolucionários vanguardistas – ambos os quais permanecem, de diferentes maneiras, ligados aos aparatos do Estado –, mas através de organizações de massa genuinamente autônomas, descentralizadas e participativas. Essa noção de política autônoma (ou *política anti-política*) "à parte e contra o Estado" ressoa fortemente em nós hoje, talvez ainda mais do que na época de Bakunin – nós que vivemos durante o tempo de um descrédito massivo das instituições políticas representativas, e talvez da própria noção de soberania estatal.

Talvez, então, a noção de insurreição como uma forma autônoma de mobilização e prática política que se distingue do Estado – que não busca poder estatal para si, mas que, na verdade, personifica a sua dissolução – já estava implícita na ideia anarquista de revolução social. Porém, na medida em que há uma diferença entre esses dois conceitos, a insurreição não repousa na questão da instrumentalização do poder estatal (ambos conceitos rejeitam isso), mas, na imaginação do campo social. Como demonstrei em um capítulo anterior, os anarquistas do século XIX viam as relações sociais como exercício de incorporação de uma racionalidade e moralidade subjacentes – invocada, por exemplo, na noção de Kropotkin de ajuda mútua, vista como um instinto natural inato. Isso significava que a revolução contra o Estado – a revolução social – poderia ser vista, em termos de sociedade, como um corpo, livrando-se desse estorvo opressor e artificial; assim, formas livres e voluntárias de comunidade, que estiveram sempre imanentes, assumiriam a frente e, espontaneamente, substituiriam as instituições estatais. Isso também permitiu que a revolução fosse vista como um evento vindouro que transformaria a sociedade de uma vez por todas, abrindo caminho para uma forma de organização social muito superior e mais cooperativa. Contudo, não podemos mais nos apoiar na ideia de um corpo social coerente e racional como fundação para a política – o campo social é muito diferenciado e complexo; nem podemos imaginar um evento revolucionário que resolverá todos os problemas do poder. Como o anarquista insurrecional Alfredo Bonanno sugere, não é mais possível, nas condições das sociedades pós-industriais da modernidade tardia, ter essas garantias.

Aqui, Bonanno propõe uma forma de política que é diferente, por um lado, das revoltas, que são desorganizadas, violentas e fragmentadas, e, por outro lado, do velho modelo de revolução. A insurreição conta com um grupo informal de anarquistas, organizado com base na afinidade, que intervém em situações específicas sem essas ações serem sobredeterminadas pela ideia de revolução imanente – em outras palavras, sem a expectativa de que tais ações levarão à revolução social: "Organização informal, portanto, que estabelece um simples discurso apresentado sem grandes objetivos, e sem afirmar, como muitos fazem, que toda intervenção deve levar à revolução social, caso contrário, que tipo de anarquistas seríamos?" (Bonanno, 1988: 28). Compreender as práticas políticas anarquistas desta maneira os liberta de um certo dogmatismo revolucionário, permitindo-os intervir em situações que são necessariamente contingentes e opacas. Embora Bonanno sem dúvida abominaria o termo, essa atitude insurrecional, descrita por ele, aponta para uma distinção que pode ser feita entre uma concepção de ação política anarquista e uma pós-anarquista.

A insurreição do eu

No capítulo anterior, desenvolvi, principalmente por meio da filosofia do egoísmo de Stirner, a ideia de singularidade como uma maneira de entender as formas autônomas de subjetivação que estão emergindo hoje. Sugeri que as singularidades não são identidades e que resistem à própria lógica representacional do liberalismo e da política de identidade; em verdade, implicam uma insurreição contra identidades fixas. Para compreender essa revolta de singularidades podemos nos voltar mais uma vez para Stirner e sua noção particular de insurreição ou *Empörung* (Sublevação), que ele distingue cuidadosamente da revolução:

> Revolução e insurreição não devem ser vistas como sinônimos. A primeira consiste em uma reviravolta das condições, da condição ou *status* estabelecido, do Estado ou da sociedade, e é, por conseguinte, um ato *político* ou *social*; a segunda tem, de fato, como sua consequência inevitável uma transformação de circunstâncias, porém não parte dela, mas do descontentamento do homem consigo mesmo, não é um levante armado, mas um levante de indivíduos, um levantamento sem levar em conta os *arranjos* que dele possam decorrer. A Revolução visava novos arranjos; a insurreição nos leva a não mais nos *deixarmos* arranjar, mas a nos arranjamos por nós mesmos, e não deposita esperanças resplandecentes em "instituições". Não é uma luta contra o estabelecido, uma vez que, se prosperar, o estabelecido colapsa por si mesmo; é apenas uma manifestação que permite com que eu me separe do estabelecido (1995: 279-80; ênfase no original).

A revolução trabalha para transformar as condições e instituições sociais e políticas externas – neste sentido, há pouca diferença entre a revolução marxista "política" e a revolução anarquista "social". A insurreição, ao contrário, visa a autotransformação da pessoa (começa "com o descontentamento do homem consigo mesmo"); e envolve colocar-se *acima* das condições e constrições externas, de tal modo que essas constrições simplesmente se desintegram. Assim, a insurreição parte de uma afirmação do eu [*self*], e as consequências políticas decorrem disso. Como podemos ver, a insurreição, diferentemente da revolução, é radicalmente anti-institucional – não necessariamente no sentido de buscar se livrar de todas as instituições, uma vez que isso levaria simplesmente a diferentes tipos de instituições, mas, antes, no sentido de afirmar nosso poder sobre as instituições e, de fato, nossa autonomia em relação a elas. A insurreição é uma afirmação da autonomia e da singularidade do indivíduo – do seu próprio poder sobre si mesmo. Sugere uma transformação micropolítica do eu [*self*] em sua relação com o poder, de tal modo que somos capazes de nos desprender dos sistemas de poder e de nossa dependência para com eles, até mesmo de nosso desejo para com esses sistemas (é apenas uma manifestação que permite com que eu me separe do estabelecido [Stirner, 1995.: 280])

Podemos ver, então, que essa noção de insurreição é radicalmente diferente da maioria dos entendimentos da ação política radical. Ela evita a ideia de um projeto demasiado abrangente de emancipação ou transformação social; a liberdade não é o objetivo final da insurreição, mas, antes, o ponto de partida. Em outras palavras, a insurreição começa não com o desejo de mudar as condições externas que, poderia se dizer, oprimem o indivíduo, mas, com a afirmação do eu [*self*] sobre essas condições, como se dissesse: *o poder existe, mas não é da minha conta; recuso-me a deixá-lo me prender, ou que ele tenha qualquer efeito sobre mim; recuso o poder do poder sobre mim*. Embora alguns possam alegar que este é um idealismo ingênuo, que leva ao quietismo político – em verdade, este foi precisamente o impulso do grosseiro ataque de Marx e Engels a Stirner em *A Ideologia Alemã* –, argumento que as consequências dessa posição são profundamente radicais. Devemos considerar até que ponto o poder é sustentado por nossas interações com ele – até mesmo, às vezes, por nossa hostilidade para com ele; e, se conseguirmos nos distanciar e desvencilhar do poder e das identidades e subjetividades que ele nos impõe, então o poder torna-se uma casca vazia, um envoltório que se desintegra por si mesmo. No lugar de um projeto revolucionário, que se propõe alçar a liberdade para as pessoas do poder – e que corre o risco de meramente impor-lhes outro tipo de poder em seu lugar –, a insurreição permite que as pessoas constituam sua própria liberdade ou, como coloca Stirner, sua "propriedade", primeiro reivindicando seu próprio eu [self] – isto é, reivindicando sua autonomia. Poderíamos dizer, então, que a insurreição é a articulação política da anarquia ontológica: uma forma de práxis que não é sobredeterminada por um projeto ou um *telos*, mas que, simplesmente, assume e põe em prática a liberdade que já temos.

A noção de insurreição de Stirner nos alerta para o quanto somos cúmplices – por meio de nossa auto-abdicação – dos sistemas de poder que consideramos dominantes. Talvez precisemos entender o poder não como uma substância ou uma coisa, mas como uma relação que forjamos e renovamos todos os dias, por meio de nossas ações e de nossas relações com os outros. Como o anarquista Gustav Landauer (2010) coloca, "o Estado é uma relação social; um certo tipo de pessoas se relacionando com outro tipo. Ele pode ser destruído ao se criar novas relações sociais; ou seja, por pessoas se relacionando umas com as outras diferentemente". Novamente, a ênfase aqui não é tanto na tomada revolucionária ou destruição do sistema externo de poder, mas em uma transformação micropolítica do eu [self] em suas relações com os outros, e a criação de relações alternativas e mais autônomas – o resultado é a desintegração do poder estatal. Podemos talvez falar de uma insurreição *internalizada*, uma insurreição que vai às raízes de nossa subjetividade, até mesmo de nossa psique, antes de se voltar para fora. Talvez devêssemos ver as insurreições como uma forma de psicoterapia radical[14] em que, por meio de uma reflexão sobre nossas dependências do poder, nossos desejos de dominar e sermos dominados – que são, afinal, dois lados da mesma moeda – e nossas relações patológicas com os outros, sejamos levados a um estado de autoafirmação onde percebamos que o controle do poder sobre nós é basicamente uma ilusão. Voltarei a este ponto no capítulo posterior.

Deve estar claro agora que a insurreição não é a organização de um contrapoder ou de uma contra-hegemonia, para falar em termos gramscianos. Não é a consolidação das forças da sociedade civil em um bloco político coerente que busca assumir o poder estatal. O contrapoder sempre se torna simplesmente outra forma de poder. Em vez disso, a insurreição significa um afastamento completo do jogo de poder e contrapoder – em verdade, uma *indiferença* ao poder. Seu foco está na transformação do eu [*self*] e em sua relação imediata com os outros, e no desenvolvimento de maneiras autônomas de viver que buscam evitar a armadilha que o poder nos armou. A insurreição é o espaço relacional de liberdade que se abre quando nos reivindicamos e nos afirmamos, fora de qualquer forma institucionalizada ou de qualquer *telos* predeterminado.

Os novos Cínicos

A insurreição é um afastamento não só do campo político – isto é, do campo formal de instituições políticas e sistemas de

---

14 Esta ideia também é explorada por Franco Berardi (2012: 133), que vê a insurreição, ou o que ele chama de Levante, como uma forma de terapia para algumas das psicopatologias engendradas pelo capitalismo moderno tardio.

poder –, mas também do campo econômico. Significa uma recusa à vida de dívidas, consumo e controle financeiro que transformou a existência de muitos ao redor do mundo em uma existência de miséria, precariedade e servidão. Este sistema econômico e político está agora sendo confrontado com a vida nua que ele produziu. Um dos aspectos marcantes e poderosos do movimento *Occupy* foi o aparecimento inesperado de pessoas nos espaços públicos; massas de pessoas simbolizando, em sua pura presença física, sua nudez, vulnerabilidade e precariedade. Ao montarem acampamento e ao viverem e dormirem nas praças públicas, essas pessoas demonstraram seu desafio ou, antes, indiferença ao poder e sua disposição para usar espaços públicos oficiais precisamente na maneira que não deveriam ser usados – como espaços *públicos*.

Porém, essa reivindicação do espaço público e da vida pública – o direito das pessoas comuns de praticar política – é bastante diferente da noção arendtiana de política como aparecimento no domínio público, que depende fundamentalmente da divisão, central à antiga polis grega, entre os reinos públicos e privados[15]. Como sabemos, para Arendt, a vida própria para a política – a *vita activa* – deve ser cuidadosamente distinguida da vida de trabalho, necessidade econômica e da esfera privada do *oikos* (ver Arendt, 1999)[16]. Com Arendt, bem como, em um sentido diferente, com Schmitt, existe uma afirmação da dimensão imaginária do "político" como um espaço soberano e sagrado da atividade humana

---

15 Neste sentido, essa forma de ação não é incompatível com a noção de invisibilidade e anonimato que eu desenvolvi no capítulo anterior.

16 De fato, Arendt criticou a Revolução Francesa precisamente porque, aos seus olhos, esta trouxe questões de sobrevivência e necessidade para o palco político – apresentando, assim, uma contaminação do âmbito propriamente político com questões da vida nua (ver Arendt, 2009).

coletiva, autônoma em relação ao mercado. Essa separação do espaço soberano da política do domínio do mercado, da esfera pública e privada, não parece mais possível, se é que alguma vez o foi. Ademais, pressupõe uma exclusão de sujeitos e maneiras de vida consideradas indignas para a polis[17]. Em contraste, as insurreições que vemos hoje encenam a intrusão da vida nua – a vida de necessidade e sobrevivência – em um âmbito político, o âmbito da ação coletiva e da tomada de decisão, assim colapsando a divisão público/privado.

Aqui, somos lembrados de uma concepção muito diferente de uma vida política simbolizada pela figura curiosa de Diógenes, o Cínico, que viveu sua vida aberta e publicamente na ágora, dormindo nu nas ruas e nos mercados da antiga Atenas. O escândalo de sua existência foi o de dissolver a distinção entre vida e política, entre o lar privado e a praça pública. Em suas conferências finais no Collège de France, em 1984, Michel Foucault refletiu sobre Diógenes como um exemplo da genuína vida filosófica, em que a coragem da verdade e a ética da existência eram incorporadas em cada gesto e ato, na vida e nas atividades cotidianas. A vida ética era, necessariamente, uma vida escandalosa, uma vida ascética, ou seja, uma vida vivida em público em pleno desprezo à sociedade – a vida de um cão que dorme nas ruas. A vida ética era, também, uma vida militante; no sentido de quem se opôs às normas, costumes e instituições existentes da sociedade e buscou romper radicalmente com elas. A figura altamente individualista do filósofo Cínico, em sua radical alteridade, rompe as fronteiras da pólis e afirma sua própria existência soberana em uma contestação agonística de seus

---

[17] Ver a crítica que John Lechte e eu fizemos da concepção arendtiana de vida cívica (Lechte e Newman, 2013).

costumes coletivos. O Cínico busca, e de fato incorpora em seu próprio estilo de vida violentamente ascético e militante, uma *outra vida* e um *outro mundo* dentro do mundo existente (ver Foucault, 2011: 287)[18]. A lição de Diógenes, então, pode ser que, para fazer política de maneira diferente, devemos aprender a viver diferentemente e incorporar a política na vida, e a vida na política. É perto disso que Foucault estivesse talvez chegando com a noção de *bios philosophikos*: "O *bios philosophikos* como vida reta é a animalidade do ser humano encarada como um desafio, praticada como um exercício, e atirada na cara dos outros como escândalo" (ibid.: 265; ênfase no original). Talvez pudéssemos ver nos movimentos de Ocupação, nos acampamentos que silenciosa e alegremente sitiaram o poder, um vislumbre de um novo tipo de vida política e filosófica. O gesto bonito e simples de dormir e viver nas ruas, sem vergonha nem medo, significa, como a construção de barricadas revolucionárias no século XIX, um momento real de ruptura em nosso mundo.

O que também podemos tirar disso é o poder potencial que reside em uma atitude ascética em relação à vida. Embora essa possa ser uma atitude imposta a muitos de nós pela necessidade econômica, pode, no entanto, formar a base de uma nova sensibilidade e *ethos*. Um novo modo de subjetividade, para o qual se torna central a recusa de consumo desnecessário e o desejo por um modo de vida mais simples. A única maneira que podemos nos libertar, em última instância, do sistema econômico que nos escraviza – através da dívida e do trabalho sem fim e sem sentido – é deixando de desejá-lo, recusando o fetichismo da mercadoria e de-

---

18 A vida cínica era, conforme Foucault, uma vida pura e soberana, autônoma em relação aos outros: "uma vida sem vínculos, sem dependência com nada que pudesse ser estranha a ela" (2011: 255).

sinvestindo nossos desejos no modo de vida capitalista e na economia psíquica de culpa que surge com o constante endividamento. Parte disso seria repensar toda a ideologia do crescimento econômico e afirmar as prioridades da sustentabilidade humana e ecológica, até mesmo abraçando a ideia de *de*-crescimento (*décroissance*)[19]. Franco Berardi fala sobre a importância da "lentidão" como uma resposta ao constante imperativo capitalista de crescimento e aceleração, particularmente no contexto europeu: "a vindoura insurreição europeia não será uma insurreição de energia, mas uma insurreição de lentidão, afastamento e exaustão. Será a autonomização do corpo e alma coletivos com relação à exploração da velocidade e da competição" (2012: 68).

Porém, embora essa atitude possa nascer da exaustão, mais significativamente aponta para a exaustão de um certo modo de vida e, portanto, para a possibilidade de modos de vida alternativos – uma constatação que provoca uma nova energia de invenção e inovação. A afirmação da "vida pobre", ao mesmo tempo, envolve uma experimentação ativa em formas não-capitalistas alternativas de troca econômica, baseada em um *ethos* e práticas de generosidade, convivialidade e compartilhamento de recursos comuns. Vislumbres dessas práticas estão aparentes em várias formas de cooperação voluntária e autogestão, que encontramos tão frequentemente hoje – em economias alternativas, formas de

---

19 Para uma visão geral do paradigma do "de-crescimento sustentável", ver Martínez-Alier et al. (2010). Ao falar de de-crescimento como um modo de vida autônomo, também me inspirei na crítica da civilização tecnológica de Jacques Ellul (ver Ellul, 1965), como também na ênfase de Ivan Illich (1985) na "convivialidade" – como oposta à produtividade industrial – em referência a práticas autônomas, habilidades e formas de autossuficiência nas áreas de saúde, educação, transporte, habitação e agricultura.

troca e práticas de "comunhão" que são visíveis ao nosso redor se escolhermos olhar, e que estão emergindo na sombra da crise neoliberal – de economia de trocas, cooperativas de alimentos e bancos comunitários até a agricultura orgânica e reocupações de fábricas. Esses experimentos, embora nascidos da necessidade, ao mesmo tempo são uma expressão de um desejo por uma vida autônoma e uma vida *não-commodificada* – uma vida resgatada do controle do domínio político e dos sistemas financeiros.

Propriedade

O que é uma vida autônoma? A autonomia geralmente está associada às noções de autogoverno e autodeterminação. É claro, há muitos entendimentos de autonomia na teoria política: a ideia é comumente associada com concepções liberais de liberdade individual perceptíveis dentro de um certo tipo de regime baseado em direitos e no Estado de Direito, ou com a noção kantiana de autonomia moral, que se refere à capacidade racional de dar a si mesmo a lei moral universal, ao invés de ser influenciado pelas vontades dos outros. Minha própria concepção de autonomia, que delinearei com maior detalhe em capítulo posterior, é bastante diferente disso e é fortemente influenciada pela concepção de Stirner de propriedade. Para entender a propriedade, devemos distingui-la da liberdade, que hoje nos parece um conceito cada vez mais evasivo e ambíguo. Para Stirner, a liberdade é mais uma daquelas ideias universais, ou "fantasmas", uma abstração vazia à qual somos sacrificados, que nos aliena e nos desempodera. O problema com a liberdade é que sua proclamada universalidade disfarça uma posição particular de poder – é sempre a ideia de liberdade de alguém que é imposta coercitivamente sobre os outros: "O anseio por uma liberdade *particular* sempre inclui o propósito de uma nova *dominação*" (Stirner, 1995: 145). Assim, colocar a questão da liberdade como uma aspiração universal é sempre colocar a questão de qual ordem particular de poder impõe sua liberdade sobre todos, por conseguinte inevitavelmente limitando e restringindo suas possibilidades radicais. Portanto, a liberdade deve ser deixada para que o "único" a determine por si mesmo. Deve ser vista como uma elaboração contínua da autonomia individual, e não um objetivo político e social geral – a liberdade enquanto uma prática singular, única ao indivíduo, em vez de um ideal e aspiração universalmente proclamados. A liberdade, em outras palavras, deve ser despojada de suas abstrações e trazida ao nível do único.

É por isso que Stirner prefere o termo "propriedade" ao termo "liberdade", propriedade implicando a autopropriedade ou autodomínio; em outras palavras, um tipo de autonomia que significa *mais* do que liberdade, porque dá a alguém a *liberdade de ser livre*, a liberdade de definir seu próprio caminho singular de liberdade: "A propriedade *cria* uma nova *liberdade*" (1995: 147). Em vez de se conformar ao ideal universal, algo que é tão frequentemente acompanhado das mais terríveis formas de coerção, a propriedade é um projeto de criação e invenção ilimitadas, em que novas formas de liberdade podem ser descobertas. Como diz Stirner: "O meu *próprio* eu sou em todos os momentos e em todas as circunstâncias, se eu souber como me ter e não me descartar nos outros. Ser livre é algo que eu não posso verdadeiramente *querer*, porque não posso fazê-lo, não posso criá-lo" (ibid.: 143). A propriedade é uma maneira de restaurar ao indivíduo sua capacidade de liberdade, de lembrar ao indivíduo que ele já é livre em um sentido ontológico, ao invés de ver a liberdade como um objetivo universal a ser alcançado pela humanidade. Se a liberdade é desempoderadora e ilusória, a propriedade, na visão de Stirner, é uma maneira de tornar a liberdade concreta e real e, ademais, de revelar ao único o que ele há muito esqueceu – seu próprio poder: "eu sou livre daquilo que me livro, proprietário daquilo que tenho em meu *poder* ou daquilo que *controlo*" (ibid.).

Ao mesmo tempo, poderíamos dizer que a propriedade, ou autonomia, não está confinada a um esforço estritamente individualista e é algo que pode ser praticado de forma associativa, em colaboração com outros. Já falei da união de egoístas de Stirner como uma maneira possível de pensar sobre a ação autônoma coletiva. Contudo, as formas de solidariedade que emergem como parte da insurreição estão ainda fundamentadas nos desejos "egoístas" de singularidades que dela participam. Em outras palavras, a cooperação, e o que Kropotkin chamaria de "ajuda mútua", estão engajadas não por algum senso de auto-sacrifício e obrigação, mas por um senso "egoísta" de alegria e prazer, o qual é intensificado através das relações com os outros. Como Berardi coloca, "a solidariedade não é sobre você, é sobre mim" (2012: 54). Então, a insurreição pós-anarquista não é uma Causa para que alguém se sacrifique; a última coisa que a política radical precisa hoje são mais militantes tristes e piedosos, cujo aparente altruísmo geralmente mascara as mais perversas sensibilidades. Em vez disso, enquanto uma política de propriedade, a insurreição é um movimento de alegria, convivialidade e de felicidade experienciada em estar juntos.

Prefiguração

A importância que coloquei aqui no afeto emocional toca uma das características centrais da política insurrecional hoje; a da prefiguração, que se refere à ideia de que a ação política deve incorporar, previamente, a forma e os princípios éticos do tipo de sociedade que se espera construir. A prefiguração, portanto, sinaliza uma recusa de estratégias políticas em que os meios são sacrificados para fins revolucionários. Essa abordagem da política ficou evidente em insurreições recentes tais como o *Occupy*, que deliberadamente procurou afastar o Poder estabelecendo estruturas horizontais e participativas e práticas de tomada de decisão. Na verdade, a política prefigurativa tem sido, por algum tempo, uma característica definidora do anti-capitalismo global (ver Graeber, 2004). É claro, a prefiguração sempre esteve intimamente associada ao anarquismo, cuja crítica ao marxismo e ao leninismo-marxista foi feita precisamente sob as bases de que seus expoentes estavam preparados para usar meios autoritários e militaristas para alcançar a revolução, meios que condenariam a sociedade pós-revolucionária a uma replicação de instituições autoritárias e hierárquicas das quais buscaram nos libertar. Para os anarquistas, pelo contrário, a revolução seria libertária tanto na forma quanto no objetivo, e princípios de liberdade, igualdade e auto-organização não devem ser sacrificados a cálculos estratégicos e fins políticos – pois isso seria a própria traição dos ideais da revolução. Esta ênfase na prefiguração tornou o anarquismo talvez a mais ética de todas as tradições de políticas radicais.

Contudo, precisamos considerar o que a prefiguração pode significar hoje. Eu sugeriria que a prefiguração tem duas implicações principais no contexto das insurreições contemporâneas. Primeiramente, há a ideia – que é considerada como central ao anarquismo ontológico – de que a insurreição tem lugar na imediação do presente, no aqui e agora, sem ser determinada por um fim futuro ou um *telos* particular[20]. Quaisquer arranjos futuros que possam emergir da insurreição são sempre contingentes; a ênfase está, antes, na forma presente tomada pela insurreição e em ver a insurreição como uma expressão de propriedade, a reivindicação do eu [*self*]. Em segundo lugar, as práticas prefigurativas devem ser consideradas como o que Foucault chamou de "práticas de liberdade"; em outras palavras, elaborações de práticas éticas e um constante trabalho sobre si mesmo a fim de inventar subjetividades e relações que sejam autogovernadas e não mais enfeitiçadas pelo poder. Tais práticas são contingentes, podem assumir diferentes formas e contextos, e não têm garantias. Elas precisam ser experimentadas e constantemente reinventadas.

Não podemos mais sustentar a ideia, presente no anarquismo clássico, do levante de um corpo social racional e ético já constituído contra o empecilho externo do poder. Essa totalidade social já não existe mais, razão pela qual as insurreições contemporâneas precisam inventar novas formas de solidariedade e ser-em-comum. A ideia comumente invocada de um movimento da "sociedade civil global" é, portanto, um tanto equivocada. Isso não significa, é claro, que as tradições, relações e práticas existentes sejam automática e violentamente descartadas; não estou de forma

---

20 Esta compreensão da insurreição, como distinta da revolução, também se reflete na discussão de Howard Caygill de resistência: "Como um modelo político, a insurreição também invoca o gesto de provocação, mas enfatizando um levante sustentado ao invés de uma atividade de revolução instrumental e orientada para um objetivo" (2013: 199).

alguma invocando uma lógica jacobina que insiste que o passado deve ser apagado e a lousa deve ser limpa. Esta é precisamente a mentalidade revolucionária – que afirma a soberania da vontade política sobre a complexidade das relações sociais – da qual quero me livrar. Em verdade, muitas tradições e práticas, particularmente aquelas voltadas para a conservação do meio-ambiente natural, merecem ser preservadas e por elas se deve lutar. Meu ponto, ao contrário, é que as insurreições não podem mais ser ontologicamente baseadas em relações sociais pré-existentes. De fato, poderíamos dizer que elas se colocam em uma certa situação de guerra com a "sociedade" e objetivam a dissolução dos laços e vínculos sociais existentes. Não há pouca sociedade – como os comunitaristas de todos os matizes gostam de afirmar –, mas, antes, muita. Estamos encurralados por todos os lados por esse "fantasma", para usar o termo de Stirner. A insurreição, como uma figura para formas de política contemporâneas e radicais, envolve, portanto, a criação de formas alternativas de existência não-essencial, baseada não em algum ideal ou imagem pré-ordenada de sociedade, mas nos desejos das singularidades que a compõem.

Mas não sejamos, ao mesmo tempo, muito otimistas aqui. As insurreições portam enormes riscos; de repressão violenta, de dissipação de suas energias, ou de se tornarem elas mesmas repressivas e autoritárias. Discutirei a questão da violência com grande profundidade no capítulo 4. No presente momento, parece que há uma opacidade e ambiguidade muito reais em torno da insurreição e de seu futuro. Em verdade, se olharmos ao nosso redor hoje, talvez tenhamos mais probabilidade de ver "insurreições" que tomam uma forma completamente deturpada; buscando recompor violentamente o corpo social e vivendo com energias populistas, racistas e fundamentalistas. A insurreição autônoma pode significar muitas coisas hoje; e sem dúvida precisamos ser mais claros sobre a dimensão micropolítica e ética da autonomia, para além da simples ideia de rejeição de instituições estatais. Ainda assim, meu argumento é que tais ambiguidades não podem ser resolvidas, seja por voltar à velha ideia de Revolução, seja por adotar as instituições da democracia parlamentar. Em vez disso, a insurreição pós-anarquista deve estabelecer seu fundamento, ética e politicamente, em um terreno incerto e instável.

4. VIOLÊNCIA CONTRA VIOLÊNCIA

Falar de insurreição, como fiz no capítulo anterior, inevitavelmente traz à luz a questão da violência e sua relação ambígua com a política radical. Como sugeri, a insurreição é um tipo de guerra social ou, antes, uma guerra contra a totalidade e a unidade imaginadas da sociedade, ainda que – e essa é a esperança – seja essencialmente não-violenta. A política radical, tomada de maneira geral, sempre implica uma certa violência ao romper com as condições sociais e políticas existentes. Contudo, a questão da violência apresenta um problema ético único para o anarquismo, bem como para o pós-anarquismo, especialmente no que diz respeito à sua ênfase na política prefigurativa. Embora o anarquismo, historicamente, não esteja distante da violência – desde a violenta "propaganda pelo ato" durante o século XIX, até as campanhas militares em grande escala durante as guerras civis russa e espanhola no século XX –, sempre existiu, ao mesmo tempo, a problematização ética desta violência como uma relação coercitiva e autoritária, que centralmente contradiz os princípios anarquistas. O anarquismo tem sido caracterizado tanto por uma resistência violenta ao poder, quanto por uma não-violenta, e é tão conhecido por suas tradições pacifistas – Thoreau e Tolstói – quanto por seus assassinatos políticos.

O pós-anarquismo deve, portanto, lutar com uma tensão muito real: por um lado, há o reconhecimento de que a violência é ética e politicamente insustentável. Não apenas a violência coage e domina outras pessoas, violentando suas autonomias da pior maneira possível, mas a resistência violenta contra o poder corre o risco de fazer nascer uma contra-violência ainda maior e mais devastadora; violência contra o Estado sempre traz vantagens para o Estado, e qualquer tipo de levante armado será facilmente esmagado. Ao mesmo tempo, como uma forma agonística e insurrecional de política, o pós-anarquismo confronta práticas de dominação e violência estatal e, portanto, se engaja no que pode ser visto como uma *violência contra a violência*. Ademais, o uso da violência em autodefesa, seria inteiramente justificável desde uma posição pós-anarquista; e, como sabem todos que já estiveram em uma manifestação que "ficou violenta", como a mídia gosta de dizer, muito dessa violência, vinda da multidão é apenas uma reação, uma defesa – ou mesmo uma contra-violência – às provocações violentas da polícia, que frequentemente inflamam deliberativamente a situação. Ao lidar com este dilema ético sobre o uso da força, ativistas desenvolveram técnicas muito inovadoras e efetivas de desobediência civil, ou o que poderia ser chamado de "guerra não-violenta" (ver Graeber, 2002). Embora a insurreição, ao menos em meu entendimento, declare guerra às instituições políticas ao colocar-se acima delas – afinal de contas, o que poderia ser um gesto mais violento aos olhos do Estado do que as pessoas afirmando sua indiferença para com ele? –, esta é, ao mesmo tempo, distinta da revolução no sentido de que não é um levante em busca de tomar o poder pela força das armas: em outras palavras, a insurreição é "não-violenta" precisamente no sentido de que não torna a violência um instrumento para a conquista do poder. Na medida em que é indiferente ao poder, não precisa de armas e de explosivos.

No entanto, como o mundo ao nosso redor parece estar envolto em violência no momento – algo a que não desejo acrescentar nada –, acredito na importância de ser mais claro sobre como a política radical entende a violência e sua relação para com ela. Neste capítulo, pretendo desenvolver uma abordagem pós-anarquista a essa questão da violência, baseando-me no pensamento de Georges Sorel e Walter Benjamin. Ambos os quais li de uma maneira distintamente anarquista. Encontramos, em ambos pensadores, um entendimento da violência como uma forma ontologicamente anárquica de ação – como puro meio sem um específico fim ou *telos*. O desafio, aqui, é desenvolver uma concepção de *contra-violência* que nos permita refletir melhor sobre os contornos políticos e éticos da ação política radical hoje.

Anarquismo e guerra social

Precisamos, primeiro, examinar a relação bastante paradoxal entre anarquismo e violência. Embora exista uma reserva ética sobre o uso da violência contra pessoas, o anarquismo, contudo, mantém uma grande proximidade com a noção de guerra. Isso pode ser entendido em dois sentidos. Em primeiro lugar, há a afirmação de que o poder político centralizado, não importa como esteja revestido, seja democrático ou autocrático, mantém uma relação de guerra com a sociedade: o poder estatal, argumenta-se, não é baseado no consentimento, mas em uma forma violentamente imposta de dominação que intervém nas relações sociais de maneiras irracionais e destrutivas. Assim, por trás das várias ilusões e ideologias justificadoras do consentimento democrático e do contrato social, há apenas conquista e dominação violenta. Como a contra-história de Kropotkin revela, o

Estado é um sistema de poder e acumulação que foi imposto por meio da guerra, em vez de ter emergido mediante um acordo racional (ver Kropotkin, 1987: 37). O Estado é uma forma de violência organizada, cuja dominação é estabelecida através da conquista de território e da destruição de relações sociais pré-existentes. Em segundo lugar, se o Estado é uma máquina de guerra, só pode ser confrontado com outra máquina de guerra, a revolução social. Aqui, a revolução contra o Estado é concebida em termos de guerra: "Revolução significa guerra, e isso implica a destruição de homens e coisas", trovejou Bakunin (1953: 372). Contudo, embora isso possa parecer um endosso ou aceitação genérica da violência, a revolução social anarquista seria capaz de libertar as pessoas das formas de violência politicamente instituídas:

> A Revolução Social deve colocar um fim ao velho sistema de organização baseado na violência, dando total liberdade às massas, grupos, comunas, e associações, e igualmente aos próprios indivíduos, e destruindo de uma vez por todas a causa histórica de todas as violências... (ibid.: 372)

Então, neste sentido, a revolução social anarquista deve ser entendida como uma forma de contra-violência, uma *violência contra a violência*. A violência do Estado – uma violência que é muito mais excessiva em qualquer caso do que qualquer forma de violência oposta a ela – só pode ser enfrentada com uma contra-violência; a violência é transformada em um tipo de não-violência radical. Isto não deve ser confundido com paz, porque, como a análise anarquista demonstra, a coexistência pacífica alcançada pelo Estado é apenas uma cristalização da violência e da conquista. Em vez disso, a fim de desmascarar a violência sobre a qual o

Estado se baseia, este pode apenas ser confrontado com outro tipo de violência. Então, não é uma questão de se uma revolução contra o poder estatal será violenta ou não – contra uma violência e um poder tão avassaladores, não pode haver outra coisa senão violência. Antes, é uma questão de ser possível existir uma forma de violência que, ao buscar a abolição do poder, ao mesmo tempo busca a abolição da própria violência. Não está claro, então, como exatamente a violência da revolução social deve ser entendida: embora ela possa de fato envolver instâncias reais de violência, é, ao mesmo tempo, uma ação de massa voltada contra a violência. O ponto essencial aqui é que a transcendência da violência é apenas possível, ao mesmo tempo, invocando e valendo-se da linguagem e do simbolismo da guerra. A ideia de guerra é algo que, em algum nível, anima todas as formas de política radical. Talvez possamos dizer que uma crítica radical das estruturas sociais e políticas existentes pressupõe a possibilidade de guerra, da mesma maneira que Carl Schmitt (1996) acreditava que a oposição política entre amigo e inimigo depende da possibilidade de violência.

A greve geral proletária de Sorel: guerra mítica

Porém, se a violência contra violência é um tema central no anarquismo, e também no pós-anarquismo, então certamente é insuficiente meramente aceitar o uso instrumental da violência na busca dos fins da revolução. A violência contra violência deve significar algo mais do que isto; talvez, como sugeri, a sublimação da violência em diferentes formas de luta que retenham a linguagem e o simbolismo da guerra, mas que recusam, ou quando possível evitam, a violência real contra pessoas[21]. Quem pode nos ajudar a pensar sobre isto é Georges Sorel, que, ao menos em sua fase sindicalista, desenvolveu um entendimento radical da violência insurrecional que, eu diria, tem importantes implicações para e paralelos com o pós-anarquismo.

Em *Reflexões sobre a violência* (1961) (*Réflexions sur la violence*, 1908), Sorel considera as perspectivas da luta de classe e da revolução dos trabalhadores na virada do século XX. O principal obstáculo à revolução, argumenta, é a degeneração moral do proletariado, sua perda de identidade de classe e sua subsunção ao universo moral burguês. A moral proletária e a energia política foram dissipadas através da internalização dos valores burgueses, bem como pelo papel ofuscante dos políticos socialistas, cuja função era de incorporar a classe trabalhadora em estruturas representativas do Estado capitalista e da "paz social"; um tipo de consenso corporativista entre trabalho e capital que meramente envolveu o capitalismo em ilusões humanitárias e socialdemocratas. É como se Sorel previsse aqui o triste destino da democracia social e da política ignominiosa da Terceira Via, quase um século antes.

A violência, Sorel argumenta, tem um importante papel a desempenhar na restauração da vitalidade política e moral da classe trabalhadora, ao tornar mais nítidas as distinções de classe que até então haviam sido obscurecidas. A violência é o que permite ao proletariado superar sua posição de "decadência", rejeitar as aberturas humanitárias hipócritas dos capitalistas e dos políticos socialistas, e redescobrir seu

---

[21] Já deve estar claro agora que não incluí dentro desta categoria atos de "violência" contra a propriedade, que, em certos casos – por exemplo, o vandalismo e a destruição de propriedades corporativas e militares –, podem ser vistos como sendo inteiramente legítimos.

"egoísmo" (Sorel, 1961: 90-1)[22]. Em outras palavras, a violência permite ao proletariado afirmar sua identidade de classe e valores autônomos em oposição ao grande agente da "decadência" e da "incapacidade", o Estado Moderno.

Mas de que violência Sorel está falando? Devemos prestar atenção à sua ideia de greve geral proletária e seu entendimento da função do mito. A greve geral proletária é uma forma de ação direta revolucionária realizada pelos próprios trabalhadores, sem a mediação do Estado e dos partidos políticos. É, ao mesmo tempo, um tipo de mito, um mito de guerra – especialmente de guerra de classes, cuja centralidade à teoria marxista Sorel queria restaurar. A greve geral incorpora o simbolismo de um campo de batalha – encena o drama de uma batalha decisiva entre o proletariado e a burguesia. O drama de guerra tem o efeito de galvanizar a energia e paixões da classe trabalhadora. Sorel descreveu o mito como "um corpo de imagens capaz de evocar instintivamente todos os sentimentos que correspondem às diferentes manifestações da guerra empreendida pelo Socialismo contra a sociedade moderna" (1961: 127). O mito da greve geral pode, portanto, ser entendido como um tipo de *mise en scène*, em que todas as emoções e energias políticas de greves anteriores e ações dos trabalhadores se concentram em um ponto de máxima intensidade, algo que produz afetos militantes e heroicos em trabalhadores, os imbuindo com virtudes guerreiras de coragem e autodisciplina, bem como de uma vitalidade recém-descoberta: "apelando para as memórias dolo-

---

22 Com a insistência de Sorel na necessidade de os trabalhadores afirmarem seu "egoísmo" – ou, nos termos marxianos, de os trabalhadores se tornarem uma classe "para si" –, somos lembrados também da filosofia do egoísmo de Stirner, que, como sugeri, não é um simples egotismo, mas, antes, uma unicidade e autonomia individual.

rosas de conflitos particulares, a greve geral colore com uma vida intensa todos os detalhes da composição apresentada à consciência" (ibid.).

Essa curiosa ideia de greve geral como uma guerra mítica tem algum valor hoje em nossa era pós-revolucionária, na qual a identidade da classe trabalhadora e a consciência de classe são muito mais opacas do que nos tempos de Sorel, e na qual um confronto milenar entre duas forças sociais parece difícil de imaginar? Há algumas lições importantes aqui. A intensidade emocional – o estado afetivo de alegria e convivialidade – que anima a insurreição, foi discutido anteriormente. Parece-me que o que falta à política radical hoje é uma energia e vitalidade – algo que esse tipo de ação direta possa inspirar. O pensamento vitalista de Sorel, influenciado por Henri Bergson, pode nos ajudar a pensar sobre uma noção de intensidade política que é distinta da matriz schmittiana de inimizade, que busca apenas energizar o soberano. Como veremos, essa noção soreliana de intensidade política, gerada por meio da violência da greve geral, incorpora a dissolução radical do Estado. Além disso, a greve geral transmite a ideia de ação direta na imediação do presente, no aqui e agora – ação é entendida aqui não como um meio para um fim, mas como fim em si mesmo. Para Sorel, a violência da greve geral é a violência de *meios puros*. Isso é semelhante à noção de anarquia ontológica, em que a ação é determinada não por um programa particular ou *telos* – algum futuro utópico, uma ideia que Sorel também rejeita –, mas pela imediação e contingência da situação presente.

Esta noção de meios puros ou meios sem fim é, também, refletida no entendimento de Sorel da subjetivação política. Muito embora esteja trabalhando dentro da estrutura de classe marxista, o sujeito proletário, paradoxalmente, não precede à greve geral, mas é por ela constituído; a classe trabalhadora descobre quem é por meio da própria ação revolucionária. Há um entendimento não-essencialista – pode-se dizer, pós-identitário – da subjetividade política operando aqui, o qual está bastante próximo da teoria pós--anarquista, muito embora o pós-anarquismo não retenha mais as categorias de classe marxianas. A noção de Sorel de subjetivação política também aponta para a importância da virtude – uma coragem guerreira, nobreza e autodisciplina. Assim como os mártires cristãos se distinguiram, através de suas fortitudes, autodisciplina e compromisso com a luta moral, também o proletariado deve aprender a se disciplinar e adquirir sua própria moralidade e nobreza; deve desenvolver, como Sorel coloca, "*hábitos de liberdade* com os quais a burguesia não está mais familiarizada" (1961: 88, ênfase no original). Embora o moralismo de Sorel possa parecer estranho à política anarquista, ele aponta para a necessidade de cultivar certa ética e virtudes para a luta política e para a existência autônoma. É especialmente importante aqui a noção de disciplina, que não é imposta por algum agente externo – como uma vanguarda revolucionária ou Legislador supremo que guia e modela a vontade das massas –, mas é a disciplina que alguém cultiva e impõe livremente sobre si mesmo. Perseguirei essa ideia em um capítulo posterior. A liberdade, ou a propriedade, como escolhi chamá-la (seguindo Stirner) é algo que não necessariamente surge espontaneamente, mas irrompe apenas por meio de práticas de autodisciplina, de tal forma que as dependências de alguém do poder, dos padrões familiares e dos hábitos de obediência e consumo são rompidas: talvez possamos chamar isso de *disciplina de indisciplina*. Na verdade, a insistência de Sorel sobre a moralidade e até mesmo sobre um certo tipo de pureza servia para livrar o proletariado de suas dependências, não apenas do Estado e seus agentes de representação, mas, particularmente, da cultura moral da burguesia e do sistema capitalista. Talvez, neste sentido, um certo tipo de "puritanismo" – falei de valores ascéticos no capítulo anterior – seja necessário para nos permitir que nos desliguemos da cultura do consumismo e dos circuitos capitalistas do desejo em que estamos tão completamente imersos. Temos de lembrar que o capitalismo, e o capitalismo neoliberal em particular, nos governa através de nossa "liberdade" – nossa *liberdade* de consumir, de trabalhar e de obedecer – e podemos romper com este sistema e desenvolver práticas alternativas e mais genuínas de liberdade, apenas por meio de um certo tipo de autodisciplina. Como Sorel sugere, a liberdade é um novo *hábito* que ainda temos de aprender.

Autonomia e violência

A greve geral do proletariado é o evento que dá à classe trabalhadora a capacidade para a liberdade ou, como eu colocaria, para a "propriedade". Isso ocorre sobretudo porque é uma forma de ação direta autônoma, sem qualquer agente de mediação ou direção: os trabalhadores neste cenário se emancipam do capitalismo e do Estado ao assumirem diretamente o controle – por meio da ocupação – dos meios de produção, sem passar pelo Estado e sem cair na direção política de um partido de vanguarda. Neste sentido, o tipo de ação revolucionária que Sorel tem em mente está muito mais perto do anarquismo do que do Socialismo ou do Leninismo-Marxista: "É impossível que haja o menor entendimento entre os sindicalistas e os socialistas oficiais: estes, é claro, falam de atacar tudo, mas atacam homens no poder e não o próprio poder" (1961: 117). Em outras palavras, enquanto os sindicalistas destroem o poder, os socialistas buscam possuí-lo e comandá-lo – e isso simplesmente produz poder estatal. Neste sentido, podemos dizer que as alas reformistas e revolucionárias de tradição socialista trabalham dentro do mesmo paradigma estatista, a diferença está nos meios utilizados para alcançar o controle do Estado. Embora Sorel admirasse tanto Bernstein quanto Lenin, eles estariam, em sua análise, do mesmo lado.

Sorel, portanto, propõe uma distinção importante entre a *greve geral do proletariado*, que incorpora a dissolução radical do poder estatal através da afirmação da autonomia dos trabalhadores e da ação direta – que, neste sentido, é anti-política –, e a *greve geral política*, que é orquestrada pelos políticos socialistas e pela federação de sindicatos, e que não pretende destruir o poder estatal, mas exercer um maior controle político sobre ele e arrancar concessões da classe capitalista – algo que, aos olhos de Sorel, apenas aumenta a impotência e dependência do proletariado. As duas formas de ação são completamente diferentes, não simplesmente em seus objetivos, mas também no sentido de que a greve geral política é uma forma de ação estratégica que instrumentaliza a ameaça da violência proletária a fim de obter concessões e vantagens políticas, enquanto a greve geral do proletariado pode ser considerada como *puros meios* sem fins específicos. A dissolução do Estado não é um objetivo estratégico enquanto tal, mas é, antes, incorporada e simbolizada na própria ação. Novamente, há um claro paralelo aqui com uma concepção pós-anarquista de política. Como podemos ver, a ideia de autonomia é central para a greve geral do proletariado: não tem nada a ver com barganhar com o sistema por melhores condições, mas é, antes, o completo desligamento dos trabalhadores do Estado e do capitalismo por meio do cultivo de práticas sociais, subjetividades e relações éticas alternativas. Parece-me que, hoje, é necessário pensar novamente em termos de uma greve geral, o que implicaria em um afastamento ou êxodo dos nossos padrões de trabalho, consumo e obediência.

É importante ressaltar que essas duas formas de ação que Sorel descreve correspondem aos dois diferentes entendimentos da violência. Para Sorel, precisamente porque a greve geral do proletariado evita as tentações do poder – uma vez que busca autonomia em relação ao Estado, ao invés de querer controlá-lo – a violência que ela invoca se traduz, paradoxalmente, em uma não-violência radical. O campo de batalha em que a violência proletária é encenada é simbólico, e a ação militarista deve ser entendida metaforicamente. A violência aqui é simbólica e ética, um tipo de confronto estilizado e gestual com o inimigo que imbui o trabalhador de uma nobreza e virtude guerreira, mas que não envolve violência física real:

> São pura e simplesmente atos de guerra; têm o valor das demonstrações militares, e servem para marcar uma separação de classes. Tudo na guerra é feito sem ódio e sem o espírito de vingança; na guerra, os vencidos não são mortos; os não-combatentes não são obrigados a suportar as consequências das decepções que os exércitos possam ter experimentado nos campos de batalha; a força é então exibida de acordo com sua própria natureza, sem jamais emprestar nada dos procedimentos judiciais que a sociedade instaura contra os criminosos (Sorel 1961: 115).

Este último ponto é uma referência à violência política e jurídica do Estado, uma forma de violência que é infinitamente mais sangrenta que a violência proletária. Aqui, Sorel tem em mente o Terror Jacobino na França do início da década de 1790 – as violentas proscrições e perseguições dos inimigos da revolução nas mãos dos novos líderes revolucionários. Seu ponto, portanto, é que as formas de ação revolucionária que visam tomar o controle do poder estatal têm muito mais probabilidade de resultar em violência real, ao passo que é precisamente devido ao fato da autonomia proletária não querer nenhuma permuta com o Estado que ela consegue evitar o derramamento de sangue e sublimar sua violência em uma guerra simbólica. Em verdade, Sorel se refere à violência jurídico-estatal como *força* burguesa e reserva o termo *violência* para a forma cavalheiresca e heroica da guerra proletária descrita acima. Diz:

> O termo *violência* deveria ser empregado apenas para atos de revolta; deveríamos dizer, portanto, que o objeto da força é impor uma certa ordem social em que a minoria governa, enquanto a violência tende à destruição daquela ordem. A classe média tem usado a força desde o começo dos tempos, enquanto o proletariado agora reage contra as classes médias e contra o Estado por meio da violência (Ibid.: 172: ênfase no original).

Podemos concluir disso que o que torna a violência *violenta* no sentido real – o que transforma a violência em *força*, como coloca Sorel – é a *estatificação*; em outras palavras, a força acarreta verdadeiro derramamento de sangue porque usa os mecanismos do poder estatal para impor uma certa ordem social. Não se trata apenas de dizer que o Estado é um instrumento de violência – e sempre será o mais violento dos instrumentos dada sua capacidade de sê-lo – mas de afirmar, antes, que a lógica do estatismo, a lógica pela qual uma certa ordem é imposta coercitivamente sobre o mundo, é o que produz violência incalculável. É aí que reside o perigo para todos os projetos revolucionários, burgueses ou socialistas que buscam controlar as rédeas do Estado; a história deste tipo de caminho revolucionário está encharcada de sangue. Pelo contrário, a violência da revolução autônoma – ou, como eu a chamaria, insurreição –, porque se distancia do Estado e busca dissolver seu poder, se transforma em um tipo de violência simbólica, uma ética de ruptura. A insurreição pode ser considerada uma violência contra um conjunto existente de relações sociais, em vez de violência contra pessoas.

A "Crítica da Violência" de Benjamin

Para desenvolver ainda mais essa noção de violência não--violenta, podemos nos voltar para o famoso e enigmático ensaio de Walter Benjamin, "Para uma Crítica da Violência" (*Zur Kritik der Gewalt*, 1921), um texto que é impossível de se entender a não ser no contexto do pensamento de Sorel[23]. Eu também sugeriria que o pensamento de Benjamin e sua crítica da violência jurídica e do Estado soberano tem uma clara relevância para o pós-anarquismo. O problema que Benjamin endereça aqui é de como desenvolver uma crítica ética da violência que não simplesmente a reproduza. Seu ponto é que o Direito não pode servir como uma base efetiva para esta crítica, porque o próprio Direito é inextri-

---

23 É surpreendente que, em muitas leituras do texto de Benjamin, se tende a minimizar a influência de Sorel.

cavelmente ligado à violência. Nem podemos fazer qualquer distinção coerente entre violência legal e ilegal, legítima e ilegítima. O Direito sempre se articula através de uma violência que tanto preserva seus limites quanto os ultrapassa; e a violência sempre estabelece uma nova lei. A violência está presente na própria constituição de um novo sistema legal, e esta violência assombra suas fundações e estruturas. A análise de Benjamin da autoridade legal é muito semelhante à do anarquismo, que desmascara as fundações violentas do Direito e da soberania. Benjamin dá o exemplo da violência militar, que estabelece um novo sistema legal no lugar do antigo, por meio da assinatura de um tratado de paz subsequente a uma conquista, bem como a pena de morte, como outro exemplo, que indica a soberania derradeira do Direito sobre a vida, cujo propósito não é tanto a punição daqueles que transgrediram a lei, como é a afirmação da lei como um destino inescapável da vida. O ponto de Benjamin aqui é que o Direito sempre se faz presente – fundando-se e reafirmando-se – através da violência. A violência traz a lei ao ser, sopra nela vida, lhe dá vitalidade: "a violência, violência coroada pelo destino, é a origem da lei" (Benjamin, 1996: 242).

Benjamin introduz uma distinção conceitual entre violência "instauradora do direito" (*rechtsetzend*) e a violência "mantenedora do direito" (*rechtserhaltend*): a violência que estabelece uma nova lei e a violência que faz cumprir as leis existentes. O ponto de Benjamin é mostrar como essas duas formas de violência acabam colapsando uma na outra, de tal modo que há uma contínua oscilação entre as duas. O exemplo-chave que ele dá aqui é o da polícia, em que essas duas formas de violência se combinam "em um tipo de mistura espectral" (Benjamin, 1996: 242). O uso da violência policial para fins de aplicação da lei é obviamente uma manutenção da lei. Porém, é também instaurador de lei, dado que a polícia age nos próprios limites da legalidade e tem a autoridade para determinar como a lei é aplicada em certas situações. A polícia, ademais, frequentemente age fora da lei, ou em suas margens, a fim de aplicá-la. A violência legal da polícia geralmente grassa incontrolavelmente em todo o espaço civil, determinando a lei naqueles espaços de exceção onde seus limites não são claros[24]:

> A polícia intervém "por razões de segurança" em inúmeros casos quando a situação legal não é clara, sem contar quando não estão meramente, sem a mais ligeira relação com os fins jurídicos, vigiando o cidadão como um incômodo brutal numa vida regulamentada, ou simplesmente supervisionando-o (Benjamin, 1996: 243).

Somos lembrados da implantação da ideologia da "segurança" que autoriza excepcionais poderes policiais de detenção, vigilância e violência contra suspeitos terroristas. Contudo, o que é também evidente é a mundanidade, a cotidianidade da violência policial. O policiamento de protestos, por exemplo, onde a polícia frequentemente recorre a táticas extrajudiciais, como a "*kettling*"[25], é um exemplo dessa dimensão "excepcional" do poder policial. Assim, o momento da exceção, o momento da suspensão legal do Direito, que Schmitt via como uma expressão "milagrosa" do poder soberano, não é de forma alguma excepcional.

---

24 Enquanto escrevo essas palavras, os júris dos Estados Unidos deciditam não indiciar os policiais envolvidos no assassinato de cidadãos desarmados em Ferguson, Missouri, e em Nova York – um caso claro, ao que parece, de assassinato legal.

25 Tática policial, também conhecida como "caldeira" ou "chaleira", utilizada para controlar multidões em manifestações de protesto [NT].

Como os anarquistas demonstraram, esta é uma parte da estrutura normal do poder estatal e pode ser testemunhada nas práticas diárias de policiamento. Não é uma questão da exceção estar fora do Direito. A violência policial não está totalmente dentro nem totalmente fora do Direito, mas, antes, habita um tipo de terra de ninguém, em que uma se confunde com a outra. O Direito se articula através de uma aplicação violenta que não consegue controlar e que, ao mesmo tempo, excede seus limites – um excesso violento que tanto perturba quanto constitui os limites da lei. Esse apagamento da linha, essa ambiguidade jurídica que está no cerne do poder policial é a razão pela qual Benjamin o descreve como "sem forma, como sua presença intangível, onipresente e fantasmagórica na vida dos Estados civilizados" (ibid.). Tem-se a sensação de que as sociedades de hoje são literalmente controladas por esses soberanos medíocres, especialmente quando, mais e mais, nos deparamos com a visão de forças policiais fortemente armadas e militarizadas em nossas ruas, preparadas para exercer violência excessiva à menor provocação, como vimos em muitas cidades nos Estados Unidos. A opressão da polícia não é menos verdadeira nos Estados liberais-democráticos do que nos Estados autoritários. Benjamin aponta a importante questão de que, enquanto o despotismo da polícia é um tipo de resto dos regimes absolutistas, para os quais sua presença era de certa forma apropriada, nas democracias, definidas pela separação da autoridade legislativa e executiva, seu "espírito" é mais perturbador e devastador (ibid.)[26]. Nas democracias,

---

26 O recente impasse entre a polícia de Nova York e o prefeito de Nova York é um caso interessante de uma disputa entre autoridades civil e legal (o Estado) e sua excrescência violenta (a polícia), a qual não está sempre sujeita ao controle do primeiro.

em outras palavras, a polícia – que afirma "servir e proteger" a sociedade – se torna seu soberano, habitando o lugar do poder deixado vago pelo Príncipe[27].

Ademais, se o Direito deve ser entendido através de sua conexão com a violência, ao mesmo tempo a violência deve ser entendida por meio de sua conexão com o Direito. A afirmação crítica de Benjamin é que a violência é violenta *através de sua relação com a lei*, seja no caso em que a violência mantém o sistema legal ou seja no caso em que a violência derruba o sistema legal apenas para fundar um novo em seu lugar. Essa percepção torna a política radical e as questões opostas a ela, resistência e revolução, profundamente problemáticas, e somos mais uma vez confrontados pela ambiguidade do poder constituinte que discuti no capítulo 3. A análise de Benjamin parece confirmar a suspeita de que, no cerne do poder constitutivo das revoluções políticas, há uma violência "instauradora do direito" que funda uma nova ordem jurídico-política (poder constituído) e que, por sua vez, usa a violência para preservar sua autoridade. Para falar em termos sorelianos, a "violência" constitutiva da greve geral política termina em *força* – isto é, a violência sangrenta praticada em nome da preservação de uma nova ordem estatal. Encontramos em Benjamin, como em Sorel, uma sensibilidade anarquista aos perigos dos programas revolucionários. Quantas revoluções no passado violentamente derrubaram um regime de poder e Direito, apenas para estabelecer um novo em seu lugar? Quantas revoluções apenas reafirmaram o lugar do poder estatal, esse núcleo

---

27 Uma referência à tese de Claude Lefort sobre os regimes democráticos serem caracterizados por um lugar de poder simbolicamente vazio (ver Lefort, 1988).

misterioso que une Direito e violência, gerando a contínua oscilação entre eles?[28]

Violência divina

Existe uma saída para essa circulação interminável de violência e Direito que até agora enredou a política radical? É possível pensar sobre uma forma de violência que não é nem "instituidora do direito" (*constitutiva*), nem "mantenedora do direito" (*constituída*), mas que desmantele totalmente essa máquina infernal de soberania? Aqui, Benjamin introduz uma distinção adicional entre a *violência mítica* e a *violência divina*. A violência mítica é a violência que funda o Direito, que traz o Direito à existência e fixa o sujeito, por meio da culpa, como perpetuamente enfeitiçado por ela[29]. Em contrapartida, a noção enigmática benjaminiana de "violência divina" – violência que não está vinculada à lei – deve ser entendida como um tipo de movimento anarquista que ataca a lei, incorporando uma ruptura transformativa, mas que, ao mesmo tempo, não derrama sangue. Embora a violência mítica estabeleça e santifique a autoridade da lei, a violência divina destrói o Direito e rompe seus limites. Enquanto a violência mítica está do lado do poder, a violência divina está do lado da *justiça*. A violência divina corta o nó

---

28 É importante ter em mente que a palavra alemã *Gewalt* no título ("*Zur Kritik der Gewalt*") significa não apenas violência, mas também poder e força.

29 O exemplo de Benjamin é a figura mítica de Níobe, cujos filhos são massacrados pelos deuses como punição por sua *hybris*, e que é transformada em uma cachoeira de rochas petrificada cujo incessante chorar é um constante testemunho de sua transgressão. O ponto de Benjamin aqui é que o Direito é nosso destino, e é apenas através da radical intercessão do que ele chama de violência divina que nós temos alguma esperança de escapar dele.

górdio que une violência e Direito e, ao fazê-lo, incorpora a dissolução radical e a transcendência do poder estatal: "Na quebra deste ciclo mantido pelas formas místicas da lei, na suspensão da lei com todas as forças das quais depende, finalmente, portanto, na abolição do poder estatal, é que uma nova época histórica é fundada" (Benjamin, 1996: 252-3).

Parece impossível não ler essa noção de violência divina por meio da noção, desenvolvida por Sorel, de greve geral proletária; à qual o próprio Benjamin se refere longamente, descrevendo-a como uma forma anarquista de ação (1996: 246). Nas análises tanto de Sorel, quanto de Benjamin, há um entendimento da violência não como uma busca de qualquer fim ou programa particular – algo que apenas funda um novo Estado ou um novo sistema jurídico –, mas como *meio puro*: Benjamin se refere à "violência imediata pura" (ibid.: 252). Para ambos os pensadores, o que torna essa forma radical de violência paradoxalmente não-violenta e sem sangue é sua desvinculação de fins específicos, sejam jurídicos ou não. Tal entendimento da ação deve ser considerado ontologicamente *anárquico*.

Violência e anarquia ontológica

A violência divina de Benjamin – como violência contra a violência do Direito – liberta a vida das garras da lei, salvando-nos de seu destino. Benjamin diz:

> A dissolução da violência jurídica decorre [...] da culpa de uma vida mais natural, que confia aos vivos, inocentes e infelizes uma retribuição que "expia" a culpa da mera vida – e sem dúvida também purifica o culpado, não da culpa,

entretanto, mas da lei. Pois, com a mera vida cessa o império da lei sobre os vivos (1996: 250).

Porém, a violência divina é mais do que apenas uma destruição do Direito, porque isso sempre arrisca, como vimos, estabelecer em seu lugar um novo Direito, um novo sistema jurídico. Em vez disso, a violência divina afirma o poder da vida sobre o Direito em sua *indiferença* para com ele, expiando e removendo o domínio do Direito sobre nós. Neste sentido, é muito parecida com a noção de insurreição explorada no capítulo 3. A violência divina não é uma revolução, mas uma insurreição[30], e pode ser comparada com muitos exemplos de insurreição que vimos recentemente, em que a violência da multidão parece não ter objetivos estratégicos ou políticos concretos, mas muitas vezes toma alvos simbólicos. Talvez a violência contra o espetáculo vergonhoso da Copa do Mundo em 2014 possa ser vista como um exemplo de violência divina, assim como as insurreições na Grécia contra o regime de austeridade neoliberal e a violência policial, bem como os levantes mais recentes contra a violência policial nos Estados Unidos.

Benjamin também aponta para a possibilidade de outra concepção dos meios puros; um mundo de técnicas não-violentas de resolução de conflitos que têm como base "cortesia, simpatia, paz e confiança" (1996: 244). Podemos pensar aqui em formas não-coercivas de comunicação e tomada de decisão horizontal baseada na cooperação e no respeito mútuo que caracterizam muitos movimentos radicais hoje, onde há uma tentativa de se desenvolver formas de in-

---

30 Benjamin associa a violência divina com as possibilidades de "violência revolucionária"; mas penso que insurreição seja um termo mais apropriado para a forma de ação que esse entendimento singular de violência sugere.

teração que são autônomas às práticas governamentais e às instituições estatais. O perigo aqui é que, como argumenta Benjamin, essas formas cotidianas autônomas de resolução se tornem institucionalizadas e legalmente regulamentadas, assim tirando-as das mãos das pessoas e eliminando sua espontaneidade e liberdade – abstraindo-as em relações entre *objetos*. Elas se tornam, nos termos de Stirner, "ideias fixas" ao invés de experiências e relações reais e vividas.

Na verdade, a noção de Benjamin de violência divina – embora atinja desde uma esfera externa ao mundo humano – pode ser vista como uma tentativa de recuperar a vida para si mesma, de recuperá-la da abstração e da alienação do Direito, que sempre a culpabiliza, e trazê-la de volta ao reino da experiência humana comum. Isso fica claro no entendimento de Benjamin do julgamento contra a violência – "Não matarás" –, não como um mandamento absoluto, mas, antes, como uma diretriz ética "para as ações de pessoas e comunidades que têm de lutar contra ela na solidão e, em casos excepcionais, assumirem a responsabilidade de ignorá-la" (1996: 250). Isso não abre apenas a possibilidade de justificar a violência real em certas circunstâncias – para autodefesa, por exemplo – mas, mais importante ainda, propõe a noção de julgamento ético como algo distinto do mandamento moral. Em minha concepção de anarquia ontológica, desenvolvida a partir de Reiner Schürmann, a ação não é mais determinada por uma lei moral *a priori*; ela não pode mais confiar em tais fundamentos absolutos[31]. Mas

---

31 Para Schürmann, o princípio da anarquia, segundo o qual a ação ou práxis ocorre sem um "porquê", sem um *telos*, não produz niilismo, mas, antes, "consideração reflexiva" e até mesmo leva a um novo entendimento da "responsabilidade" ética. Além disso, como Schürmann demonstra, o princípio da anarquia, como esse opera no pensamento de Heidegger,

isso não nos condena ao niilismo; pelo contrário, abre uma esfera de julgamento ético autônomo em que se toma decisões sobre o certo e o errado na contingência da situação. O julgamento ético autônomo, portanto, não é niilista, mas *anarquista*. E poderíamos dizer que é central para o pós-anarquismo uma esfera de ação ética autônoma e uma relacionalidade para além das determinações e restrições da lei.

Através da confrontação da violência da maneira que temos feito, podemos ter uma noção mais clara das coordenadas éticas que devem ao menos situar a política radical hoje. Embora seja muito fácil simplesmente alinhar a política pós-anarquista com a não-violência, mostrei como a noção de violência pode ser eticamente transformada e sublimada em formas insurrecionais de ação contra a violência institucionalizada que não levam a um derramamento de sangue. No mínimo, parece-me que essa violência "não-violenta" – em vez de qualquer retorno ao Terror Revolucionário[32] – deve ser o horizonte ético e político da política radical atual.

---

trabalha para deslocar formas de violência institucionalizada, particularmente aquela que é incorporada na tecnologia: "A violência que Heidegger adota frente ao ataque institucionalizado é a não-violência do pensamento. O que é, então, o poder 'não-violento' do pensamento? É fazer o que o presenciamento faz: deixar ser" (Schürmann, 1987: 277). Esse deixar ser marca a passagem da violência para a anarquia.

32 Aqui, faço referência a uma certa fetichização da violência política em pensadores como Alain Badiou e Slavoj Žižek, que parecem considerar o terror revolucionário como um sinal de autenticidade política. As violentas proscrições legais do Terror Jacobino de 1793-4, o estado de terror implementado pelos bolcheviques e a violência excessiva da Revolução Cultural, com seus cultos noviços da personalidade, são sustentados por esses dois filósofos militantes como exemplos genuínos dos eventos políticos, em comparação com os quais as mobilizações políticas radicais de hoje são amplamente rejeitadas como insignificantes e triviais. Veja-se por exemplo a discussão de Badiou sobre o terror revolucionário como uma expressão da máxima igualitária (2009: 25-7). Na mesma linha, Žižek

se entrega a uma curiosa leitura errônea da noção de violência divina de Benjamin, associando-a com Robespierre e com o Terror Jacobino – em outras palavras, com precisamente a forma de violência jurídico-estatal que a violência divina se opõe (ver Žižek, 2008).

5. INSERVIDÃO VOLUNTÁRIA

O capítulo anterior mostrou como o entendimento da violência na política radical pode ser eticamente transformado em uma ação autônoma que transcende o paradigma do poder e do Direito; em outras palavras, agindo além de seus limites, como se esses paradigmas não existissem. A violência do pós-anarquismo está em sua *indiferença ao poder* e nas possibilidades radicais para liberdade que isto revela, e não no sangue gasto para conquistá-lo. Neste capítulo, aprofundarei a explicação do que eu quero dizer por indiferença ao poder. E abordarei isso desde uma direção oposta ao explorar o problema – ao mesmo tempo político e ético – de nosso intencional e excessivo reconhecimento do poder.

Talvez o maior obstáculo à política radical hoje – como em qualquer tempo – não é a natureza formidável do Poder, mas, antes, nossa obediência a ele. Como apontado em capítulo anterior, os regimes liberais contemporâneos de poder operam, não tanto por meio da coerção – embora isso também exista –, mas, principalmente, por meio do encorajamento a certas formas de identificação, passividade, comportamentos conformistas, padrões de consumo e comunicação, e até mesmo um desejo por nossa própria dominação. É aqui que encontramos uma das questões mais intrigantes da teoria política: por que as pessoas obedecem, mesmo quando não é do seu interesse fazê-lo? Este é o velho problema da servidão voluntária, diagnosticado há muito tempo por Étienne de la Boétie que, confuso com nossa passividade e obediência diante do poder tirânico, chegou a uma conclusão surpreendente: todas as formas de poder foram essencialmente sustentadas, ao invés de *criadas*, por nossa submissão voluntária. A servidão voluntária, ao contrário da coerção violenta ou mesmo da teoria da "falsa consciência" ideológica, ainda serve, eu diria, como uma explicação mais convincente para a continuidade da dominação; e muito deste capítulo será devotado a uma exploração contemporânea do texto surpreendente de La Boétie, o *Discours de la servitude volontaire,* do século XVI. Embora a hipótese da servidão voluntária possa parecer superficialmente produzir conclusões bastante pessimistas sobre nossa contínua obediência ao poder, eu argumento, pelo contrário, que ela revela a fragilidade e a indeterminação derradeira do poder – até mesmo sua *não-existência* – e, portanto, o potencial radical para a liberdade.

O problema da obediência

Porém, ao pensar sobre a liberdade hoje, e sua centralidade para qualquer política de emancipação, parecemos chegar a um beco sem saída. Não apenas a liberdade é um conceito cada vez mais opaco e ambíguo – e é por isso que sugeri que a "propriedade" possa ser uma categoria mais útil –, mas também não está claro que as pessoas realmente a desejam. Pelo contrário, o olhar mais superficial de nosso mundo contemporâneo parece revelar um desejo não por liberdade, mas por autoridade, por um novo Mestre. De que outra forma se explica o sucesso eleitoral de todos os tipos de movimentos políticos reacionários, autoritários e mesmo fascistas, ou o retorno das mais nocivas ideologias fundamentalistas e reacionárias? Como explicar o clamor por mais poderes policiais, mais leis punitivas e medidas de ordem, ações mais duras contra "imigrantes" ilegais e certas minorias, regimes mais restritivos de controle de fronteira, vigilância mais intensiva, e assim por diante?

Isso seria o que Deleuze e Guattari (2004) chamaram de "microfascismo": um tipo de autoritarismo e de um desejo pela repressão de si mesmo que permeia o corpo social, infiltrando-se em hábitos, comportamentos e práticas cotidianas, habitando a política tanto da direita quanto da esquerda. O próprio fascismo histórico é algo que pode, em grande parte, ser explicado por este fenômeno da servidão voluntária. Em *A Psicologia de Massas do Fascismo* (1970), do psicanalista Wilhelm Reich, a explicação para a ascensão do Nacional Socialismo na Alemanha é buscada, não dentro da teoria marxista da "falsa consciência", mas dentro do desejo real por parte das massas de sua própria dominação, um desejo que se origina, segundo Reich, na repressão sexual. De forma crucial, então, o sucesso dos nazistas era atribuível não a Hitler e seu suposto carisma, mas, antes, às próprias massas, que em certo sentido o criaram:

> *Mas o sucesso dessa organização de massa* [o NSDAP] *deve ser atribuído às massas, não a Hitler.* Foi a estrutura autoritária e temente à liberdade do homem que permitiu que sua propaganda criasse raízes. Consequentemente, o que é importante sobre Hitler sociologicamente não decorre de sua personalidade, mas da importância atribuída a ele *pelas massas* (Reich, 1970: 40; ênfase no original).

Este desejo pelo Líder fascista surge, como Reich coloca, de uma estrutura "autoritária e temente à liberdade" por parte das massas e, em particular, das atitudes e valores conservadores das classes médias baixas. Estas incluem atitudes conservadoras com relação à sexualidade, uma reverência pela autoridade, uma ideologia de "honra" e de "dever" e crenças patriarcais tradicionais. A autoridade patriarcal dentro da família é traduzida em desejo por um Estado autoritário; o pai era visto como um mini-Führer, e isto permitia com que as pessoas se identificassem e, ao mesmo tempo, obedecessem – de acordo com a dinâmica exposta por Freud (1955) em seu estudo sobre as psicologias de grupo – ao Führer: "não obstante sua vassalagem, todo nacional--socialista sentia-se um 'pequeno Hitler'" (ibid.: 80).

Sem dúvida, a psicanálise pode nos dizer muito sobre o mistério da obediência voluntária e sobre o desejo pelo Mestre que reside dentro de nós. Há, talvez, como Reich sugere, uma estrutura psíquica autoritária subjacente às relações sociais, abrindo caminho para os futuros Mestres fascistas surgirem. Contudo, o que é tão intrigante sobre a condição atual, ao menos em nossas sociedades democráticas, é que não há mais nenhum Mestre visível para se obedecer, e, ainda assim, obedecemos como nunca antes: nós somos, como diz Agamben, "o corpo social mais dócil e covarde que já existiu na história humana" (2009: 22). Na verdade, parece que quanto menos visível e tangível o Poder é, e quanto menos a sociedade é estruturada de maneiras declaradamente hierárquicas e autoritárias, maior é a probabilidade de obedecermos. Porém, a quem ou a que exatamente estamos obedecendo? Talvez possamos detectar por trás da autoridade abstrata das leis e dos ditames benignos do mercado a voz de comando oculta, que é ainda mais convincente por sua obscuridade e opacidade. Como argumentei, os regimes neoliberais em que vivemos hoje nos governam em nome de nossa liberdade, e isso requer nossa livre e voluntária servidão. Em outras palavras, tais regimes estão condicionados a uma forma de obediência – não uma gerada principalmente pelo medo ou coerção, mas, antes, pela liberdade. Obedecemos livremente por meio de nossos padrões cotidianos e rituais de comportamento e consumo; comprando, votando, nos comunicando e fruindo de formas "normalizadas", e até mesmo de formas "anormais". É por meio da repetição contínua desses hábitos e comportamentos que o poder é sustentado. Ademais, diferentemente da análise de Reich, não é mais necessariamente o autoritarismo que se origina de valores familiares conservadores e de abordagens repressivas da sexualidade; pelo contrário, na maioria das vezes é a permissividade liberal que acompanha a crescente securitização da vida cotidiana. Vivemos em sociedades que demandam tanto a liberdade privada – ou ao menos uma versão altamente mercantilizada dela – quanto a ordem pública. Aquelas liberdades e direitos formais que nos sobraram, nós raramente usamos ou raramente usamos bem. E, apesar dos gratos sinais de desobediência civil e digital, a atitude predominante hoje parece ser de docilidade. Talvez a tristeza de nossos tempos esteja no fato de que – ao menos em sociedades formalmente democráticas – não há mais nenhuma figura do tirano que possa servir de disfarce ou desculpa para nossa submissão acovardada às formas neoliberais de poder econômico e político.

Nossa servidão voluntária certamente apresenta problemas para as teorias políticas radicais, talvez para nenhuma outra mais do que para o anarquismo, que assume o desejo natural do ser humano pela liberdade, porém é limitado por laços de poder externos e artificiais. Embora houvesse um reconhecimento entre os teóricos anarquistas do século XIX de que o desejo humano pode, de fato, ser pervertido pelo poder[33], havia, no entanto, um senso de otimismo sobre as tendências revolucionárias das massas, como também havia no marxismo. O anarquismo, acima de tudo, é uma filosofia da liberdade humana e da emancipação, baseada em uma visão essencialmente otimista das capacidades humanas para ação racional e moral. Com o poder destruído, a liberdade reinaria. No entanto, essa narrativa de emancipação, como muitas outras, encontra o impasse central do desejo humano; a servidão voluntária e o amor à submissão que frustra essas aspirações revolucionárias. Meu ponto, contudo, não é que a submissão e a obediência são nossa condição permanente e inevitável; como irei mostrar, através de uma análise da teoria de La Boétie, o fenômeno da servidão voluntária revela uma dimensão emancipatória; uma *liberdade ontológica* que forma o lado oculto de todos os sistemas de poder e que quer apenas ser descoberto.

La Boétie e o fenômeno da servidão voluntária

É, portanto, essencial que investiguemos este problema enigmático da servidão voluntária com mais profundidade, e aqui me volto para a primeira pessoa a diagnosticar essa condição, o autor do século XVI, Étienne de La Boétie. Nascido em Sarlat, na França, em 1530, e que, não fosse pelos *Discours de la servitude volontaire* – também conhecido como *Le Contre'un* (*O Contra-Um*; escrito provavelmente em 1548, quando ele tinha apenas 18 anos) – seria conhe-

---

[33] Para Bakunin, o perigo nos programas políticos marxistas e socialistas que buscavam capturar e comandar o poder estatal residia em sua negligência da maneira que tentações do poder corrompiam até mesmo os revolucionários mais idealistas e comprometidos: "Nós, é claro, somos todos socialistas sinceros e revolucionários e, ainda assim, se fôssemos dotados de poder... não estaríamos onde estamos agora" (1953: 249).

cido apenas como amigo e confidente de Michel de Montaigne, perguntou neste ensaio uma simples questão, ainda que escandalosa: por que os homens obedecem? Vale a pena citá-lo longamente aqui para se ter uma noção de toda a importância desta questão:

> Por ora, gostaria apenas de compreender como tantos homens, vilarejos, cidades, nações, algumas vezes sofrem sob um tirano, que não tem outro poder além do poder que lhe foi conferido; capaz de prejudicá-los apenas na medida em que eles estão dispostos a suportá-lo – poder que não poderia causar absolutamente nenhum dano a eles, a menos que prefiram tolerá-lo, ao invés de contradizê-lo. Certamente uma situação marcante! Porém, tão comum que se deve mais se lamentar e menos se admirar com o espetáculo de um milhão de homens servindo na miséria, seus pescoços sob o jugo, não forçados por uma grande multidão maior que eles, mas simplesmente, ao que parece, satisfeitos e encantados apenas com o nome do homem cujo poder eles não precisam temer, pois é evidentemente a única pessoa cujas qualidades eles não podem admirar em função de sua desumanidade e brutalidade para com eles...
>
> Mas, ó bom Deus! Que fenômeno estranho é esse? Que nome devemos dar a ele? Qual é a natureza desse infortúnio? Qual vício ele é, ou melhor, qual degradação? Ver uma multidão sem fim de pessoas não meramente obedecendo, mas sendo impulsionadas ao servilismo? Não governadas, mas tiranizadas? Eles sofrem pilhagem, indiferença, crueldade, não de um exército, não de uma horda bárbara, pela qual devem derramar seu sangue e sacrificar suas vidas, mas de um único homem; não de um Hércules ou de um San-

são, mas de um único homenzinho... Qual vício monstruoso, então, é esse que nem merece ser chamado de covardia, um vício para o qual nenhum termo pode ser considerado vil o suficiente, que a própria natureza repudia e nossas línguas se recusam a nomear? (La Boétie, 2008: 40-1)

Podemos ver como essa submissão voluntária à dominação, essa servidão voluntária à vontade do tirano – que é simplesmente uma criação do abandono de nossa vontade e de nosso próprio poder – constitui um mistério genuíno para La Boétie. Ele fica perplexo diante disso e luta para nomeá-lo. Não deve ser confundido com covardia, ele diz, que, ainda que desprezível, é de certa forma compreensível. Aqui, o desequilíbrio de poder entre as massas e o tirano é tão grande que a covardia simplesmente não pode explicar a aquiescência do primeiro ao segundo; as pessoas têm o poder e, ainda assim, escolhem livremente, voluntariamente, entregá-lo a um homem que as governa e que é essencialmente a sua criação, que poderia ser derrubado sem se levantar um dedo. Como isso pode ser explicado? Como um doutor incapaz de diagnosticar a condição de seu paciente, La Boétie luta para identificar e explicar essa doença moral. Deve haver algum tipo de desorientação ou aberração da vontade: as pessoas que, normalmente, naturalmente, desejam a liberdade, por alguma razão escolhem desistir dessa liberdade e elegem sua própria servidão.

Para La Boétie, a liberdade é nossa condição natural; o homem é um ser destinado à liberdade e à fruição dos laços naturais de companheirismo e igualdade, não dos laços artificiais do poder. A servidão está tão distante de nossa natureza que até mesmo os animais resistem à menor restrição de sua liberdade:

> As próprias feras, Deus me ajude! se os homens não são muito surdos, dirigem a eles o clamor: "Vida longa à Liberdade!" Muitas dentre elas morrem assim que são capturadas: assim como o peixe perde a vida assim que sai da água, também essas criaturas fecham seus olhos diante a luz e não têm nenhum desejo de sobreviver à perda de sua liberdade natural (2008: 51).

Diferentemente dos animais – que entendem a liberdade melhor do que nós –, não fechamos nossos olhos, mas meramente os abaixamos em submissão à medida que nos tornamos *habituados* à nossa dominação. Portanto, é antinatural estar sujeito ao poder e desejar esta sujeição é ainda mais inexplicável. Neste sentido, La Boétie pode ser considerado como o anti-Hobbes. Para Hobbes, a liberdade que sofremos no estado de natureza não é natural para nós no sentido de que não podemos viver em paz e segurança; e, portanto, o desejo de nos submetermos ao poder soberano absoluto – mesmo que seja um artifício humano ao invés de uma forma natural de autoridade – é, em si, absolutamente natural e racional. Para La Boétie, toda essa racionalização de submissão se inverte: fruimos da liberdade e da igualdade, da pluralidade e da singularidade com que a natureza nos dotou; e então, por alguma razão, por conta de algum infortúnio da história – que La Boétie não explica, ou talvez não consiga explicar – nós desistimos e sofremos as vontades do poder e os tormentos da servidão desde então. Em seu ensaio sobre La Boétie, Pierre Clastres relaciona esse infortúnio histórico com a súbita perda da liberdade primitiva que o chamado "homem selvagem" tanto se esforçou para preservar, sabendo muito bem os perigos do poder. Ao entrar repentinamente no mundo do poder e da hierarquia –

reconhecendo e, assim, autorizando a máquina de Estado – o homem primitivo não se desenvolve, na realidade, *regride*; há a queda da graça (ver Clastres, 2010: 171-88). De forma similar, para La Boétie, as pessoas repentinamente mudam, de maneira bastante voluntária, da liberdade para a servidão. Mas a primazia ontológica da liberdade sobre o poder é o importante aqui. Um século inteiro antes que a sombra do Leviatã surgisse em nosso horizonte, La Boétie já havia perturbado suas fundações ao revelar a liberdade ontológica que se encontrava por baixo dele, a liberdade que Hobbes tenta nos fazer esquecer.

Nossa queda à servidão tem algo a ver com apatia: uma espécie de langor moral se apodera de nós, de modo que não mais desejamos liberdade e independência. Mas, ao mesmo tempo, La Boétie deseja enfatizar que nossa servidão é ativa ao invés de passiva. Nossa dominação é algo em que nós voluntariamente participamos, renovamos e fortalecemos diariamente as cordas que nos unem: "vocês se enfraquecem para torná-lo mais forte e mais poderoso, para mantê-los sob controle" (2008: 46-7).

Como La Boétie tenta explicar o que é essencialmente inexplicável? Ele propõe, provisoriamente, três fatores possíveis que podem explicar essa condição lamentável. Primeiramente, diz, os homens se acostumam à servidão de tal forma que se esquecem que um dia foram livres. A obediência e a docilidade se tornam uma questão de hábito (uma "habituação à sujeição", como coloca):

> É por isso que os homens nascidos sob o jugo e depois nutridos e criados na escravidão se contentam, sem maiores esforços, em viver em sua circunstância nativa, sem saber de qualquer outro estado ou direito, e considerando como

bastante natural a condição em que nasceram... Assim, todas essas coisas para as quais o homem cativo foi adestrado e acostumado soam a ele naturais e esta individualidade primitiva e não treinada concebe tais adestramentos como verdadeiramente nativos (2008: 54).

Em segundo lugar, La Boétie se refere às maneiras com que o poder nos distrai, nos deslumbra e nos seduz com seu show espalhafatoso, seus espetáculos e rituais:

> Peças teatrais, farsas, espetáculos, gladiadores, animais estranhos, medalhas, pinturas e outros opiáceos semelhantes eram para os antigos a isca para a escravidão, o preço de sua liberdade, os instrumentos da tirania. Por meio dessas práticas e engodos os antigos ditadores atraíam seus súditos para o jugo com tanto sucesso que as pessoas estupidificadas, fascinadas com os passatempos e os prazeres vãos que passavam diante de seus olhos, aprenderam a subserviência de maneira tão ingênua, mas não tão digna, como as crianças pequenas aprendem a ler olhando para as figuras dos livros (Ibid.: 64).

Não estamos hoje tão deslumbrados – talvez ainda mais – pelo poder mágico do espetáculo? Das banalidades da cultura de celebridade, ao entusiasmo infantil e ao fervor quase-religioso que acompanha o lançamento do mais recente gadget tecnológico, ao gigante entretenimento global e os eventos esportivos; nos permitimos ser estupidificados e tornados dóceis pelos espetáculos de todos os tipos, que, da mesma maneira que os espetáculos antigos, servem apenas aos interesses do poder.

Em terceiro lugar, La Boétie mostra como o poder constrói uma hierarquia de relações para si mesmo, na qual o lugar do tirano é sustentado por intrincadas redes de poder e relações de dependência. Nossa submissão e obediência são asseguradas – compradas por um preço baixo, La Boétie diria –, por recompensas que recebemos daqueles que estão imediatamente acima de nós. Nós nos submetemos ao poder de outros em troca de nosso próprio lugarzinho miserável na grande pirâmide de poder do tirano, a qual nós mesmos construímos: "A consequência de tudo isso é realmente fatal. E quem tiver o prazer de desenrolar a meada observará que não são seis mil, mas cem mil, ou mesmo milhões, os que se agarram ao tirano pela corda a qual estão amarrados" (2008: 72).

A impotência do poder e a vontade de liberdade

Contudo, as várias explicações de La Boétie sobre nossa condição de servidão são, talvez, menos importantes do que as implicações de seu diagnóstico deste problema, deste enigma no coração de toda dominação política. Tudo depende do que tiramos disto. Se interpretamos La Boétie como se estivesse *simplesmente* dizendo que o homem sempre, quando tiver chance, se submeterá ao poder e cortará sua própria garganta, então a noção de servidão voluntária não nos leva muito longe e pode até mesmo dar origem a um certo conservadorismo que alega que os homens nascem para a submissão. No entanto, nada poderia estar mais distante, eu diria, das intenções de La Boétie, especialmente quando ele diz que a liberdade é nossa condição natural, contrária à servidão. A maneira que proponho que leiamos essa grande obra é em um sentido emancipatório, como um chamado à liberdade, como uma maneira de nos acordar, nos despertar de nosso estado de fragilidade e servidão. La Boétie nos confronta com uma verdade tão espantosa que tem a potência de abalar as fundações da autoridade política até o âmago. Se escolhemos livremente a servidão, se participamos voluntariamente de nossa própria dominação sem a necessidade de coerção, então isto significa que todo poder, mesmo que pareça pesar sobre nós, é essencialmente uma *ilusão*, uma de nossas criações. Em outras palavras, nós criamos o tirano e nosso ato de submissão a ele, isso significa que o tirano não tem poder real. O poder sobre nós é apenas o *nosso* poder de uma forma alienada; as correntes que nos aprisionam são as correntes que nós mesmos forjamos. Como La Boétie diz: "ele [o tirano] não tem de fato nada mais do que o poder que vocês conferem a ele para destruí-los" (2008: 46).

Todo poder é apenas *nosso* poder; a dominação é apenas possível por meio de nossa contínua submissão, a contínua oferta de nós mesmos ao poder. E essa percepção torna o poder frágil e instável. Tudo o que devemos fazer é perscrutar através do véu para ver sua fraqueza essencial, seu vazio e sua impotência. Tudo o que devemos fazer, se queremos nos libertar do poder do tirano, de acordo com La Boétie, é simplesmente tomar nosso poder de volta – ou, ainda mais simplesmente, parar de nos entregarmos a ele juntamente com a contínua repetição de comportamentos de submissão.

Assim, a questão não é nem mesmo a de derrubar o tirano, mas simplesmente de não mais empoderá-lo e, ao invés disso, de nos apropriarmos de tal modo que o tirano cairá por conta própria, quebrando o encanto da dominação:

> Através de todas estas misérias, como as próprias criaturas selvagens não suportariam, vocês podem se libertar simplesmente desejando a liberdade. Não sirvam mais e serão libertados imediatamente. Não estou pedindo para derrubar o tirano com as mãos, mas que simplesmente não o suporte mais;

então você o verá, como um grande Colosso cujo pedestal foi arrancado, cair e quebrar em pedaços (La Boétie, 2008: 47).

O pedestal do poder é o que erguemos através de nossa contínua submissão; e é muito facilmente afastado por nossa recusa em nos submetermos. Que todo poder depende de nosso poder – isto é algo que esquecemos. La Boétie quer que as pessoas recordem seu próprio poder ou, antes, que reconheçam que sempre o tiveram e apenas não sabiam. La Boétie não nos oferece nenhum programa revolucionário para seguir – nenhum é necessário. Ele simplesmente quer que nos emancipemos de nossa própria servidão. Crucialmente, somos lembrados da noção de Stirner de insurreição, a qual surge, como ele diz, do "descontentamento dos homens com eles mesmos". Libertar-nos dessa condição é uma estratégia de vontade, volição, de "desejar a liberdade". O texto de La Boétie serve, assim, para nos lembrar de nosso próprio desejo – como o perdemos, e como podemos recuperá-lo.

O entendimento particular de La Boétie do conceito de resistência como desobediência, portanto, tem muito paralelos com a ideia de insurreição que desenvolvi anteriormente. A insurreição – como distinta da revolução – não lança um assalto sobre o poder, mas é simplesmente uma afirmação de sua própria potência frente ao poder, de tal modo que, assim, o poder se desintegra. Em outras palavras, a existência do poder é baseada em nosso reconhecimento dele – e mesmo, de algumas formas, em nossa oposição a ele; porém, se simplesmente afirmamos a nossa própria potência, declarando desse modo nossa indiferença ao poder, daremos a nós mesmos a liberdade de agir *como se o poder não existisse mais*. A insurreição, portanto, desnuda o grande segredo do poder: sua própria não-existência. Em outras palavras, a lição fundamental que tanto Stirner quanto La Boétie ensinam – por mais diferentes que sejam – é que o poder não existe. Dizer que o poder é uma ilusão não é, obviamente, dizer que ele não tem efeitos reais; é negar o *poder do poder* sobre nós.

O tema da não-existência do poder também é considerado por Foucault, que analisa as relações de poder para revelar sua indeterminação e contingência histórica. Da mesma maneira que La Boétie considera o poder do tirano uma ilusão, Foucault nos diz que não existe Poder com P maiúsculo, que o poder não tem essência, não é uma substância, mas uma relação; não é uma propriedade, mas uma intensidade, e que mesmo nas condições aparentemente mais terríveis de opressão há sempre a possibilidade de resistência e, portanto, de liberdade. Ver o poder desta maneira, em certo sentido, é despir suas abstrações e revelar o segredo da liberdade sobre a qual ele foi fundado; não é uma negação da liberdade, mas uma alegre afirmação dela.

De fato, Foucault, a quem tendemos a ver como um teórico do poder e da governamentalidade, estava interessado principalmente na questão de "*como não ser governado*". Em sua palestra em Sorbonne, em 1978, "O que é a Crítica?" (Foucault, 1996), ele propõe uma análise genealógica das relações de poder que revela, em suas palavras, sua "eventualização" (*événementialisation*), ou contingência histórica. Em uma análise que tem estranhos ecos da teoria da servidão voluntária de La Boétie, Foucault levanta a questão de como e por quais motivos passamos a aceitar com normalidade e legitimidade a hegemonia de regimes particulares de poder/conhecimento em certos momentos históricos. O que deve ser investigado, em outras palavras, é o mecanismo pelo qual nos sujeitamos voluntariamente a um modo específico de poder – isto é, o limiar subjetivo através do qual o sujeito se vincula a várias formas de poder. É importante ressaltar que o fato de que um regime particular de poder/conhecimento/verdade se torne aceitável para nós, não significa que este processo era inevitável ou que nos revelou algum direito originário que o legitimou. Pelo contrário, sua emergência é inteiramente contingente. É como se um sistema de poder e conhecimento repentinamente surgisse, e a violência de sua imposição fosse, ao mesmo tempo, indistinguível de nossa livre aceitação para com ele; esses são simplesmente dois lados do mesmo mecanismo de subjetificação. Mas esta dimensão contingente de ruptura, e essa rejeição da noção de inevitabilidade, significa que qualquer sistema de poder/conhecimento que emerja seja sempre tênue, nunca permanente. Eles não têm uma essência e, enquanto tais, sempre podem ser pensados diferentemente e desfeitos (Ibid.: 397).

Isto é o que Foucault quis dizer ao iniciar a sua análise da verdade e dos regimes de poder partindo da pressuposição do "não-poder", como mencionado no capítulo 1.

Se considerarmos a percepção analítica de Foucault, podemos ver que cada sistema de poder é sempre frágil e assombrado pelo prospecto de sua própria reversão e desaparecimento. Devemos pensar no poder não em termos de controle e dominação, mas, antes, como um conjunto instável e impermanente de relações e interações. Simplificando, o poder deve ser pensado como um evento e não como uma realidade transcendental, e, enquanto tal, é um evento que pode ser revertido. Assim, para Foucault, em palavras que diretamente invocam a La Boétie:

> Se a governamentalização é realmente esse movimento preocupado em subjugar indivíduos na própria realidade

da prática social por meio de mecanismos de poder que apelam a uma verdade, direi que a crítica é o movimento através do qual o sujeito dá a si mesmo o direito de questionar a verdade no que diz respeito aos seus efeitos de poder e a questionar o poder sobre seus discursos de verdade. *A crítica será a arte da inservidão voluntária, da indocilidade reflexiva* (1996: 386; ênfase acrescentada).

Foucault está dizendo, essencialmente, que todos os sistemas de poder não são apenas frágeis e instáveis – são eventos sem origem, essência ou unidade transcendental, legitimidade –, mas podem emergir e se tornar hegemônicos apenas através de nossa aceitação livre. Mas o que isso realmente significa? Significa que a liberdade – a habilidade de pensar, viver e agir diferentemente – é a base ontológica de todo poder. Essa é outra maneira de abordar a noção de anarquia ontológica, que é o fio que tracei ao longo deste livro. Devemos ser capazes de ouvir o murmúrio da liberdade, de uma liberdade ainda irrealizada, mas ainda potencialmente realizável, que nos fala incessantemente por meio das fissuras do poder; temos de estar sintonizados com sua voz para que não seja abafada pelas engrenagens e máquinas do poder. Em vez de o poder ser o segredo da liberdade, como tantas vezes se pensava que era o que Foucault dizia, *a liberdade é o segredo do poder.* Isto é óbvio para qualquer um que escolha escutar seu murmúrio insistente, sua impaciência jubilosa. E esta revelação surpreendente – a primazia ontológica da liberdade, pela qual todo sistema de poder/conhecimento depende de nossa vontade, nossa aceitação – significa que desfazer e reverter esse sistema é igualmente uma questão de vontade, de decisão, de desejo livre. Assim como desejamos nossa própria submissão a formas particulares de poder, também podemos querer nossa própria libertação delas. É por isso que Foucault se refere a uma "*vontade decisiva de não ser governado*". Não seria esta uma afirmação da liberdade em sua forma mais verdadeira? Não a liberdade como um objetivo abstrato a ser alcançado ou como um programa de libertação e organização social a ser entregue para nós, mas a liberdade que *nós sempre já possuímos*[34]. É simplesmente uma questão de recordar esse fato, de nos relembrarmos que o poder que parece nos engolfar realmente depende de nossa aquiescência, de nosso consentimento, e que tudo o que é requerido para derrubar essa relação de dominação é uma recusa de nossa servidão, uma vontade de liberdade.

Então, não há nada anacrônico com relação ao texto de La Boétie: as figuras clássicas dos tiranos são muito menos importantes do que o mecanismo subjetivo, o estranho desejo que nos ligar ao poder, e isto é ainda mais pertinente hoje em nossos regimes contemporâneos de racionalidade neoliberal, que dependem de uma auto-sujeição às suas normas e códigos. É claro, diferentemente de La Boétie, Foucault não atribuiria a servidão voluntária a um momento histórico obscuro, mas fatídico, a uma queda de nosso estado original de liberdade; em vez disso, sempre houve apenas auto-sujeição de maneiras específicas a regimes específicos de poder. No entanto, a ideia fundamental é a mesma: que todas as formas de poder, não importa como elas foram historicamente constituídas, dependem, em algum nível, de nossa aquiescência voluntária. De que outra forma poderia o poder surgir? A servidão voluntária é o segredo que subjaz

---

[34] Como Foucault diz em uma entrevista: "Meu papel... é mostrar às pessoas que elas são muito mais livres do que elas sentem" (ver Foucault, 1988: 9-15).

todas as microdisciplinas e coerções, os discursos institucionais, os regimes de vigilância, o vasto "arquipélago carcerário" mapeado por Foucault. O texto de La Boétie pode ser visto como a grande chave que nos permite desvendar o eterno mistério do poder; ele nos mostra que o poder não pode existir sem nossa sujeição. Ele lança luz sobre o limiar da subjetificação, que Foucault via como o lado oculto de qualquer relação de poder: por que o homossexual ou o louco se apegam a essas identidades institucionalizadas? Por que o operário permite que o modelem, para que então se torne um apêndice na máquina? Por que nos envolvemos em rituais de confissão que nos vinculam a regimes de verdade? Por que nós, como a figura de Joseph K em *O Processo* de Kafka, buscamos tão fervorosamente nossa verdade nos códigos de poder?[35] Qual é o anzol, o fecho, o elemento que nos seduz, que nos atrai para este jogo de poder? Porém, como já dito, o outro lado dessa docilidade intencional é a indocilidade intencional, ou *inservidão voluntária* – como La Boétie e Foucault insistem.

A disciplina da indisciplina

Ao chegar a termo com o fenômeno da servidão voluntária, espero ter revelado a liberdade ontológica que se encontra na fundação de todos os sistemas de poder, bem como formando a base de todo pensamento e ação humana autôno-

---

35 *O Processo* de Kafka pode ser entendido em parte como uma mediação sobre a servidão voluntária: ao invés de escapar das garras da lei, que não o aprisiona à força – pelo contrário, tenta repeli-lo e iludi-lo –, Joseph K persistentemente busca seu lugar dentro dela, e ao fazê-lo constitui a dominação da lei sobre ele. Também lembramos aqui a parábola de Kafka sobre o homem do campo que espera e espera que a Porta da Lei o receba, apenas para vê-la fechar-se em sua cara.

ma. Qualquer política radical de emancipação hoje deve ter a audácia de afirmar a inexistência do poder e a sempre presente possibilidade de liberdade. É claro, além disso, que nossa libertação da servidão voluntária não pode ser um empreendimento puramente individual; deve ser praticada comunitariamente. Contudo, como Stirner nos mostrou, ela não pode envolver qualquer determinação coletiva de um ideal de liberdade a ser alcançado, uma vez que isso simplesmente levaria a novas formas de dominação. Entretanto, se, como sugeri, tomamos a realidade da liberdade como um ponto de partida ao invés de um objetivo final – o outro lado de nossa servidão voluntária –, esse problema seria evitado.

Contudo, isso não significa que a libertação da servidão voluntária não requer disciplina, desde que esta seja uma disciplina que nós impomos livremente sobre nós mesmos. Tudo volta ao problema da vontade: se, como La Boétie diz, tudo o que é requerido para nos libertarmos da fascinação pelo tirano é a vontade de ser livre, como geramos essa vontade? Se nos habituamos, como La Boétie diz, com nossa própria domesticação, de tal maneira que esquecemos o que a liberdade significa, como conclamamos a vontade para pensar e agir diferentemente? Não acontece necessariamente de forma espontânea; pelo contrário, temos a mesma provável disposição para obedecer espontaneamente como para resistir espontaneamente. É claro, como La Boétie mostra, quebrar o encanto da dominação é tanto uma questão de romper com certos padrões de ação e comportamento existentes, como de inventar novos padrões; em outras palavras, muitas vezes é uma questão de simplesmente *parar*, de não mais continuar um padrão particular de obediência. Contudo, mesmo este não é um gesto completamente passivo, requerendo, eu diria, uma expressão deliberada e consciente de um modo de vida diferente e mais autônomo. Parece-me que a afirmação da liberdade (ou propriedade) de alguém requer formas de autodisciplina – aprender os "novos hábitos de liberdade" dos quais Sorel falou.

Como argumenta Richard Flathman, sem disciplina, não há ação e, portanto, nenhuma possibilidade de liberdade. Além disso, os limites disciplinares devem estar presentes para que a liberdade seja testada e comparada, agonisticamente (ver Flathman, 2003). Há o reconhecimento de que dentro de uma pessoa existem tendências, desejos e dependências que a tornam mais suscetível ao poder dos outros. Assim, as formas de "asceses" que, por exemplo, são discutidas por Foucault em seu último trabalho sobre as práticas éticas do "cuidado de si" dentro das culturas da antiguidade grega e romana, envolvem formas de autodisciplina tais que essas tendências podem ser controladas e dominadas conforme o interesse da liberdade de alguém. Como Foucault coloca: "a preocupação consigo e o cuidado de si eram requeridos para uma conduta correta e para a prática apropriada da liberdade, a fim de conhecer a si mesmo... bem como para se formar, para se superar, para dominar os apetites que ameaçam oprimir alguém" (2000c: 285).

Ademais, tais práticas eram *éticas* no sentido de que diziam respeito não apenas a alguém para consigo, mas a como alguém se relaciona com os outros. Para os gregos, o desejo de dominar os outros, de exercer poder excessivo sobre eles, era, em verdade, uma indicação de que alguém não dominava a si mesmo; a pessoa ficou intoxicada com seu próprio apetite por poder, um apetite ou desejo que dominou todos os outros dentro do indivíduo. Era um sinal de fraqueza ao invés de força. Como Rousseau sabia muito bem, se alguém deseja dominar os outros, é muito mais provável que seja dominado *pelos* outros[36]. E também encontramos essa ideia refletida na noção de Stirner de propriedade, a qual, longe de implicar um desejo grosseiro e egoísta de exercer o poder sobre os outros, ao contrário, exibe uma extrema sensibilidade aos perigos postos para a autonomia de uma pessoa pelas tentações do que ele chama de "possessão" – onde alguém se torna "possuído" por certas paixões, pelo poder, dinheiro, sensualidade e assim por diante, assim se tornando dependente de objetos externos[37]. A lição aqui de todos esses pensadores é que se joga o perigoso jogo do poder apenas às suas próprias custas. La Boétie advertiu que aqueles que se permitiram ser arrastados para a grande pirâmide do tirano na esperança de recompensas e favores, ou para exercer o poder sobre alguém abaixo deles, estes se colocaram em grande perigo. Então, temos aqui também uma ética (e, eu diria, uma política) da não-dominação, exercida por essas práticas de liberdade, através do autodomínio e da disciplina.

A liberdade, – ou propriedade – enquanto uma libertação de nossa servidão voluntária, é uma disciplina, uma arte; algo que é aprendido, que alguém aprende com os outros e ensina aos outros, algo que é moldado, trabalhado, pacientemente elaborado, praticado no nível do eu [*self*] em suas relações com os outros. É um trabalho sobre nossos limites, tanto externos e, talvez mais importante, internos. O ponto importante, contudo, é que a liberdade é nossa sempre presente possibilidade e nossa condição ontológica, nosso ponto de partida. A percepção e afirmação dessa li-

---

[36] Jean-Jacques Rousseau (1987): "É muito difícil reduzir à obediência alguém que não busca comandar".

[37] Stirner realmente iguala possessão com obediência (ver Stirner, 1995: 80).

berdade ontológica, juntamente com suas responsabilidades éticas, pode ser vista como o motivo central da teoria política pós-anarquista.

QUALQUER
POLÍTICA RADICAL
DE EMANCIPAÇÃO HOJE DEVE
TER A AUDÁCIA DE AFIRMAR
A INEXISTÊNCIA DO PODER
E A SEMPRE PRESENTE
POSSIBILIDADE DE LIBERDADE

6. PENSANDO DESDE FORA

Ao longo deste livro, procurei desenvolver um entendimento da política baseado no que chamei de *anarquia ontológica*. Minha noção de pós-anarquismo, embora tenha sua clara inspiração na filosofia política anarquista, ao mesmo tempo difere desta no seguinte aspecto: em vez de ver a anarquia – ou a ausência de ordens hierárquicas fixas – como o objetivo final da ação política, o pós-anarquismo a toma como ponto de partida. O que isso significa exatamente? Significa que a ação política não é mais determinada por um fim racional e moral absoluto – por noções de emancipação universal da humanidade ou de construção da sociedade ideal. Contudo, na medida em que a anarquia, ou a indeterminação da ordem social, é nosso ponto de partida ontológico, isso significa que o poder e a autoridade, por estarem fundados em seu próprio nada, estão sempre abertos à contestação. Portanto, o horizonte da ação política permanece aberto e contingente. Baseando-me no pensamento de Stirner, Schürmann, Foucault, La Boétie e outros, tentei mostrar que o segredo do poder é sua própria não-existência, sua própria falta de fundamentos, e, se isto é revelado e propriamente entendido, o poder perde sua força aprisionadora sobre nós. Neste sentido, a implicação real da anarquia ontológica não é o niilismo, como alguns sugerem, mas o que pode ser chamado de liberdade ontológica: *a liberdade que nós sempre tivemos*.

Se *há* um objetivo final para a ação política pós-anarquista, é precisamente a realização desta liberdade ontológica. Podemos dizer que a liberdade ontológica é *tanto* nosso ponto final *quanto* nosso ponto de partida. A liberdade que possuímos tem uma circularidade paradoxal, sendo ao mesmo tempo o objetivo da e o fundamento ontológico para a ação política. A luta para realizar nossa própria liberdade depende de agirmos efetivamente com relação a essa mesma liberdade. Nos tornamos livres apenas quando agimos como se já fôssemos livres. Causa e efeito, condição e objetivo, são a mesma coisa. Direi mais sobre isso quando vier a explorar a questão da autonomia na sequência. Essa formulação deve ser considerada como central ao que pode ser denominado como uma sensibilidade anarquista. O pós-anarquismo é uma forma de anarquismo, entendido não como certo conjunto de arranjos sociais, ou mesmo como um projeto revolucionário particular, mas como uma sensibilidade, um *ethos* ou modo de viver e ver o mundo, que é impulsionado pela percepção da liberdade que já possuímos.

Nos capítulos anteriores, explorei diferentes dimensões dessa sensibilidade. Argumentei que isso requer uma libertação da noção de subjetividade das identidades fixas e essenciais que até agora serviram como as principais categorias da política radical. Para expressar a ingovernabilidade fundamental do sujeito, precisamos de uma categoria diferente – *singularidades* –, cuja indeterminação e, ao menos do ponto de vista do poder, *opacidade* colocam sua existência em um diferente limiar de subjetivação. O objetivo da política radical não é nem o reconhecimento de diferentes identidades, nem a liberação do Povo ou de uma classe, mas a afirmação da autonomia ou da *propriedade*, para falar nos termos de Stirner, das singularidades. Foi com a mesma temática da liberdade ontológica em mente que propus a noção de insurreição ao invés de revolução, como o modelo emergente para as lutas da política radical de hoje. Enquanto a revolução busca a imposição de um paradigma particular de liberdade sobre todos os outros, a insurreição é uma forma de autotransformação e é a afirmação da indiferença ao poder. Novamente, é a afirmação da liberdade que alguém já tem. Encontramos uma ideia similar refletida no conceito de violência contra violência que desenvolvi no capítulo 4. O que era importante aqui não era apenas a crítica ao Estado e à violência jurídica, mas a ação ontologicamente anárquica veiculada na (não-violenta) violência de meios puros; entendida nos termos de Sorel como a greve geral proletária e, nos termos de Benjamin, como a violência divina. A chave para ambas as noções é um tipo de forma não-estratégica de ação ético-política, para a qual a autodeterminação e a organização fora dos modos estatistas de política são centrais. Por fim, a dimensão da liberdade ontológica é transmitida na ideia de *inservidão voluntária*, a qual, como sugeri, era o anverso da problemática de La Boétie com relação à servidão voluntária. Se o poder era uma ilusão construída simplesmente a partir de nossa própria obediência voluntária e auto-anulação, então tudo o que era necessário para sermos livres era a vontade de não mais servir ao poder e, em vez disso, de servirmos a nós mesmos. A liberdade que alguém já tem está implícita em sua própria negação aparente – como a liberdade que alguém prontamente abandona, mas que pode ser recobrada a qualquer momento. Como argumentei, porém, essa vontade de ser livre requer, ao mesmo tempo, formas de autodisciplina para que os hábitos de obediência possam ser quebrados e novos hábitos de liberdade possam se desenvolver em seu lugar. A obediência a si mesmo é a única alternativa possível à obediência aos outros.

O que emerge da liberdade ontológica é, portanto, uma política e uma ética da autonomia mais afirmativa. Se alguém perguntar o que o pós-anarquismo quer, a única resposta que pode ser dada é *autonomia*. A autonomia é o horizonte ético-político do pós-anarquismo. Neste capítulo final, desenvolverei uma teoria distintamente pós-anarquista da autonomia, que vai além das limitações do entendimento kantiano e liberal, uma vez que tomo por base, em vez disso, temas pós-estruturalistas de autocriação e de subjetivação ética. Além disso, o capítulo explorará a relação entre autonomia e democracia, vendo-as como formas de política em última análise diferentes e às vezes opostas. A autonomia não pode ser reduzida à democracia – deliberativa, radical, agonística ou qualquer outra –, mas propõe uma relação ética e política inteiramente distinta.

Uma política da autonomia

A autonomia pode ser amplamente entendida como autogoverno. Porém, isso tem muitos significados diferentes na teoria política, dentre os mais proeminentes sendo a noção kantiana de autonomia moral e o entendimento liberal de autonomia como uma esfera de liberdade individual concebível por meio de várias normas, procedimentos e instituições. A meu ver, nenhuma delas oferece um entendimento genuíno e coerente da autonomia, na medida em que a submetem a um certo idealismo moral, impondo obrigações e deveres externos ao indivíduo.

Para Kant, como sabemos, a autonomia é entendida como obediência racional à lei universal que se deseja para si. Kant busca estabelecer um fundamento racional absoluto para o pensamento moral para além dos princípios empíricos. A moralidade deve ser baseada em uma lei universal – um imperativo categórico – que pode ser apreendida racionalmente. Para Kant, há apenas um único imperativo categórico que fornece uma fundação para toda ação humana racional: "*Aja como se a máxima de tua ação devesse tornar-se, através da tua vontade, uma lei universal*" (Kant, 1963: 38). Em outras palavras, a moralidade de uma ação é determinada pelo fato de ela se tornar ou não uma lei universal, aplicável a todas as situações. Então, para Kant, a lei moral é baseada na liberdade – o indivíduo racional livremente escolhe, por um senso de dever, aderir às máximas morais universais. Essa autonomia da vontade é, para Kant, o princípio supremo da moralidade. E a liberdade é, portanto, a habilidade do indivíduo de legislar para si mesmo, livre de forças externas. Essa liberdade de auto-legislação, contudo, deve estar em conformidade com as categorias morais universais. O princípio kantiano da autonomia equivale a dizer: *você é livre para escolher, desde que faça a escolha certa, desde que escolha as máximas morais universais*. Porém, para Kant, não há nenhuma contradição aqui, porque, muito embora a adesão às leis morais seja um dever e um imperativo absoluto, é ainda assim um dever livremente escolhido pelo indivíduo. As leis morais são racionalmente estabelecidas e, porque a liberdade só pode ser exercida por indivíduos racionais, estes necessariamente escolherão obedecer a essas leis morais. Em outras palavras, uma ação é livre apenas na medida em que está em conformidade com os imperativos morais e racionais – caso contrário, é patológica e, portanto, "não livre".

A filosofia moral de Kant é uma filosofia da lei. O que vincula a liberdade kantiana à lei é seu apego a uma racionalidade absoluta. É precisamente porque a liberdade deve ser exercida racionalmente que o indivíduo se descobre obedecendo diligentemente às leis morais universais racionalmente fundadas. Porém, encontramos aqui uma sujeição do indivíduo ao que Stirner chamaria de "ideias fixas" – conceitos morais que, em última análise, derivam sua universalidade e seu poder coercitivo das categorias religiosas que substituíram. A lei da moralidade, então, trabalha contra a autonomia genuína ao invés de ser sua garantia: "Na forma da moralidade, o cristianismo o mantém prisioneiro, e um prisioneiro sob a *fé*" (Stirner, 1995: 45). Então, para Stirner, a noção de dever no sentido kantiano é irreconciliável com a autonomia individual ou com o que ele chama de "propriedade": "Apenas por não reconhecer nenhum *dever*, não me *vincular* nem me deixar ser vinculado. Se não tenho nenhum dever, então não conheço nenhuma lei" (Ibid.: 175).

Ademais, enquanto, para Kant, o homem é formalmente "livre" para aceitar a lei moral, não é livre para desobedecer às leis do Estado. Embora seja permitido o livre uso público da razão para debater e deliberar sobre a legitimidade das leis, o cidadão deve, no entanto, obedecer ao soberano. Resistência e rebelião contra o Estado, não importa quão tirânicas sejam as ações do governo, é o pior crime possível (ver Kant, 1991a: 81). Para Kant, o fato de o Estado ser fundado sobre a liberdade, no sentido de que é livremente contratado e existe para salvaguardar as liberdades individuais, significa que nossa obrigação deve ser absoluta. A noção kantiana de autonomia moral atua para legitimar o poder e a autoridade do Estado, não apenas separando o uso livre da razão pública da questão de nosso dever para com o Estado – podemos deliberar o quanto quisermos, mas devemos obedecer[38] –,

---

[38] Esta distinção entre o uso livre e autônomo da razão pública em questões de consciência, e a obrigação, apesar disso, de obedecer às leis e comando do soberano é central para o entendimento de Kant sobre o

mas de maneira particular, ao estabelecer o Estado como a expressão máxima de uma vontade moral e racional de cunho universal à qual estamos vinculados. Simplificando, porque o Estado é um Estado "livre" baseado em acordos racionais, e portanto, uma projeção de nossa própria vontade autônoma, sua autoridade sobre nós não pode ser questionada. A autonomia moral, entendida neste sentido, se torna compatível com a servidão política. É ilustrativo comparar Kant e La Boétie aqui: enquanto ambos acreditam na autonomia, o primeiro a entende como obediência – tanto à lei moral quanto às leis do Estado –, enquanto o segundo a entende como desobediência. Ademais, enquanto Kant enfoca o livre uso da razão pública como uma expressão da vontade racional e autônoma, La Boétie nos alerta para uma dimensão subteorizada e muito enigmática do comportamento humano: o abandono livre e não coagido de nossa própria liberdade – em outras palavras, o querer a própria heteronomia. O caminho para a autonomia, portanto, envolve uma luta individual consigo mesmo, contra os próprios hábitos e inclinações a se submeter – uma luta que acontece sem ser guiada, como diria Kant, pelo "céu estrelado acima de mim e a lei moral dentro de mim" (1963: 164). Para liberais pós-kantianos como Rawls e Habermas – apesar de suas diferenças – o princípio kantiano de autonomia é fundamental para suas concepções da razão pública e justiça procedimental. Para Rawls, é o sujeito autônomo e racional que quer normas de justiça universalizáveis; e, para Habermas, a esfera autônoma da comunicação intersubjetiva, dos procedimentos de deliberação racional e da ética do discurso, é o que pode verificar as condições de uma política legítima e

---

esclarecimento (ver Kant, 1991b).

democrática. A autonomia, portanto, envolve a participação pública nos processos de deliberação a fim de determinar o molde das leis e instituições. Contudo, essa mudança de foco da autonomia privada ou moral para a autonomia política não evita a pressuposição problemática de um consenso racional baseado em normas universalmente reconhecidas. E, para aqueles que resistem a esse consenso racional, existem medidas disciplinares para garantir a conformidade[39]. Quer se trate da lei moral universal ou das normas e procedimentos da razão pública, não podemos evitar a conclusão de que tais teses assumem uma figura imaginária de sujeito autônomo que deve se conformar, ou ser forçado a se conformar, a tais normas de comportamento e discurso. Não é simplesmente o caso de existir um elemento coercitivo a essa noção liberal de autonomia, mas dessa coerção ser ainda mais forte na medida em que a obediência a essas normas é vista como estando de acordo com a própria vontade racional e autônoma de alguém.

Ademais, vê-se esse elemento disciplinar em ação nas políticas liberais ou neoliberais contemporâneas, em que o indivíduo é compelido a viver de acordo com um padrão externo de autonomia. Para Stirner, o cidadão liberal, enquanto portador de certos direitos e liberdades, tinha de ser produzido de tal maneira que sua liberdade poderia ser expressa apenas nos termos de sua obediência ao Estado e suas leis: "Pois como poderia o liberalismo deles, a sua 'liberdade dentro dos limites da lei', acontecer sem disciplina?" (1995: 76).

---

39 Rawls faz referência a punições e penalidades para impor a conformidade com suas "instituições de justiça" (1999: 504). Devemos também notar suas reservas com relação à desobediência civil e os problemas colocados pelo consentimento para seu entendimento de obrigação (Ibid.: 308-12).

Hoje, a autonomia neoliberal é definida em termos muito mais restritos de responsabilidade econômica.

E o que poderia ser mais tirânico do que essa injunção moral para se tornar, como Foucault diria, "o empresário de si mesmo" (2008: 226)? O indivíduo é jogado de volta sobre si mesmo e sobre seus próprios recursos e é forçado a reduzir sua inteira existência a um conjunto de comportamentos e performances comercializáveis e *commodificáveis*. Aqueles que são julgados como sem capacidade de autonomia (os desempregados, os doentes mentais, os delinquentes) são "forçados a ser livres" mediante a imposição de várias sanções ou constrangimentos. As noções liberais de autonomia política e econômica, por mais diferentes e conflitantes que sejam, impõem um dever de se conformar a um ideal moral e racional e, deste modo, oferecem apenas uma experiência diminuída e altamente ambígua da autonomia.

Voluntarismo e autoconstituição

É necessário, portanto, agora mais do que nunca, desenvolver modos alternativos de pensar sobre a autonomia que evitem a armadilha do poder. O paradigma neoliberal do indivíduo autogovernante, que destrói a liberdade ao subordiná-la ao imperativo moral do mercado, não pode ser combatido voltando ao abraço protetor do "grande Estado". Na verdade, o "grande Estado" nunca foi embora. O neoliberalismo envolve uma integração intensiva do indivíduo em um processo de captura estatal; é, como Foucault mostrou, uma racionalidade de governo implantada por meio do indivíduo e sua liberdade. Em vez disso, a liberdade neoliberal só pode ser contestada em seus próprios fundamentos, cultivando uma experiência alternativa e mais genuína de autonomia. Isso envolveria diferentes formas de subjetivação ou do que pode ser chamado de autocriação [*self-making*], de tal modo que o indivíduo possa se desvincular das identidades governáveis e dos códigos normalizados de liberdade que foram prescritos e que constituíram a sua relação particular com a liberdade. Em outras palavras, devemos ver a autonomia não em termos prescritivos, como um padrão idealizado de liberdade racional ao qual se deve seguir, mas como a *liberdade de ser livre.*

Isso é semelhante às preocupações de Richard Flathman, a quem mencionei no capítulo anterior, e cujo liberalismo heterodoxo, como ele mesmo coloca, converge bastante com o anarquismo[40]. Em contraste com um liberalismo disciplinar ou, como Flathman chama, orientado para a virtude, que submete tudo ao tribunal abstrato da racionalidade deliberativa (Kant, Habermas e Rawls), ele propõe um liberalismo "intencional" ou voluntarista, no qual a ênfase está na individualidade e na pluralidade: "Em vez de Razão, seu principal emblema é a Vontade interpretada em grande parte ou finalmente como misteriosa" (Flathman, 1998: 13). Em vez de uma forma de liberalismo, em que a autonomia do indivíduo é considerada pela medida em que este se conforma às normas racionais de deliberação e de justiça procedimental, o liberalismo intencional de Flathman, que se baseia em pensadores como Nietzsche e Montaigne, valoriza as práticas individuais de autopromulgação e autocriação que podem não ser necessariamente guiadas ou determinadas por essas normas. Ademais, essas práticas de autopromul-

---

40 Flathman se denomina um "aspirante a anarquista", pelo que ele quer dizer que, embora compartilhe a crítica do anarquismo à autoridade política, mantém, contudo, um ceticismo liberal com relação à afirmação de que as pessoas podem viver sem instituições estatais.

gação necessariamente envolvem formas de autodisciplina para que a vontade seja cultivada.

Além de algumas das diferenças que tenho com a insistência de Flathman na necessidade de institucionalismos, sua noção de liberalismo intencional tem algumas semelhanças com a forma de autonomia que estou propondo aqui. Embora, talvez, não seja tão radical, ela tem alguma ressonância com a ética da propriedade de Stirner, um conceito de autopromulgação egoísta que também envolve formas de autodisciplina a fim de evitar o problema da "possessão" que discuti no capítulo anterior. A "possessão" mina a autonomia e apresenta apenas uma forma unilateral e limitada de egoísmo, de acordo com Stirner (1995: 70). A possessão é um tipo de obediência a uma ideia fixa que tomou toda a subjetividade de alguém. Porém, não estamos invocando uma noção de liberdade positiva aqui, uma vez que não existe um eu [*self*] racional ou moral que deve servir como modelo para a vida de alguém. Há simplesmente a noção de autodomínio ou de obediência a si mesmo, entendida como um estar livre de – ou ao menos ser capaz de resistir a – desejos, hábitos e inclinações que ameaçam a própria autonomia. Como afirma Stirner: "eu sou *propriamente meu* apenas quando sou senhor de mim mesmo, ao invés de ser dominado pela sensualidade ou por qualquer outra coisa (Deus, homem, autoridade, lei, Estado, igreja)" (Ibid.: 153). Devemos notar aqui que, para Stirner, seja a ameaça à autonomia interna (sensualidade) ou externa (instituições como lei, Estado e igreja) de alguém, o perigo é o mesmo: as instituições podem se tornar compulsões internalizadas, ideias fixas, cuja submissão passamos a desejar; outrossim, paixões internalizadas e desejo estão sempre em perigo de serem materializados em sistemas externos de dominação, que ameaçam nos engolir.

Contudo, se pensarmos na autonomia dessa maneira, não estamos mais realmente no terreno do liberalismo; já, com Flathman, me parece que estamos no limite desse discurso. As formas de subjetivação ou autocriação nas quais estou interessado, inspiradas pela noção de propriedade de Stirner, não podem ser reduzidas à categoria liberal do indivíduo, ou ao menos, não sem problemas – razão pela qual propus o termo "singularidades". A singularidade sugere uma maneira de pensar sobre a autonomia que não está fundamentada em uma subjetividade essencial enquanto uma ideia fixa, cuja identidade e características são apreendidas por regimes de poder, mas fundamentada em uma abertura anárquica que leva à desestabilização de todas as identidades. Isso é o que Reiner Schürmann entendia como *an-archia* ontológica – a ausência de fundamentos últimos – ou o que Stirner toma como o nada na base da identidade de alguém, o nada que serve como ponto de origem para a autocriação egoísta: "Eu, esse nada, apresentará minhas *criações* de mim mesmo" (1995: 209). Devemos entender isso em termos propriamente pós-estruturalistas: o eu [*self*] não é uma essência, mas uma série de *devires*, um projeto contínuo de autoconstituição sem qualquer fim ou *telos* claros. Desde essa perspectiva, a autonomia deve ser vista não como um estado que se alcança, de modo a sermos verdadeira e finalmente autônomos – pois o que isso poderia ser, senão o fim da própria subjetividade? –, mas como uma série de práticas agonísticas realizadas no contexto de restrições e limitações, tanto externas quanto internas.

É precisamente assim que devemos ler a obra de Foucault com relação às práticas de subjetivação e autoconstituição nas culturas da antiguidade greco-romana e no cristianismo primitivo: tais práticas de autoconstituição, em que a relação de alguém consigo mesmo e com os outros era submetida a uma intensa interrogação ética, eram práticas não tanto de individualização, mas de autonomização, desempenhadas para intensificar as capacidades de autogoverno[41]. O que é importante para Foucault nesses escritos é a relação entre o sujeito, a verdade e o poder. Todas as formas de poder operam por meio de um certo regime de verdade ao qual o sujeito está vinculado ou, de forma mais significativa, se vincula. A verdade, o poder e a subjetividade estão juntas, como vimos no capítulo anterior, por meio de atos de obediência e obrigação. Contudo, o que acontece quando esse vínculo de obediência é quebrado? Como o sujeito desobediente entende a si mesmo como alguém que se desvincula e se distancia não apenas de uma certa forma de poder, mas de certos atos de verdade? Foucault diz: "É o movimento de se libertar do poder que deve servir como revelador na transformação do sujeito e da relação que o sujeito mantém com a verdade" (2014: 77). Foucault quer chegar aqui a uma certa desvinculação do eu [*self*] das formas de entidade que o prendem a regimes estabelecidos de verdade e poder, regimes que o tornam governável: o cuidado de si é, neste sentido, um *desfazer* do eu [*self*] e a elaboração de diferentes formas de subjetivação; um "desenvolvimento de mim a partir do estabelecido", como Stirner coloca quando descreve o processo de insurreição. A autonomia envolve uma

---

[41] Schürmann (1986) associa a obra de Foucault com um projeto de "autoconstituição anarquista": o sujeito anarquista, em oposição ao sujeito meramente transgressivo que busca apenas desafiar a lei e, deste modo, reafirmá-la, resiste ao princípio de totalização social consagrado no Estado moderno e desenvolve para si mesmo seu próprio caminho de vida e ação.

insurreição do eu [*self*] contra as identidades fixas às quais está vinculado.

Em nossas sociedades contemporâneas, a conexão entre poder, verdade e subjetividade é ainda mais ambígua, no sentido de que o todo da vida se torna inteiramente impregnado de mercado, que é, em si, uma figura de poder descentrada, dispersa e espectral. Se, como Foucault acredita, o mercado é nosso lugar dominante de veridição hoje, de modo que a maioria das atividades humanas – incluindo a política – recebem sua validação somente por meio de sua racionalidade (ver Foucault, 2008), então devemos pensar sobre os modos pelos quais o sujeito se desvincula desse regime de verdade e se constitui de uma maneira diferente. A desobediência, hoje, significa mais do que simplesmente transgredir certas leis; ao contrário, significa desvincular-se de formas de existência mercantilizadas e comoditizadas, inventando maneiras alternativas de viver e ver a si mesmo. A ruptura do modo de vida neoliberal significa mais do que simplesmente retornar às formas socialdemocratas de redistribuição – muito embora possa envolver estes elementos também; significa um afastamento fundamental de nossas vidas do reino da *oikonomia*.

Ao pensar sobre a autonomia nestes termos, parece que estamos de volta à questão ambígua da vontade; a vontade de desobedecer, a vontade de romper com as identidades e os modos de vida existentes, a vontade de se transformar. Como propus no capítulo anterior, Foucault, como La Boétie, está profundamente preocupado com a questão da vontade, embora não em um sentido psicológico, mas, antes, nos termos das práticas de desobediência e autoconstituição em resposta às relações de poder e verdade: assim como várias vezes voluntariamente nos submetemos a certas relações de poder e verdade, outras vezes também rompemos com elas. Não poderia haver resistência ao poder se não houvesse a vontade de resistir e de não ser governado[42]. A dimensão da vontade adquire uma certa intensidade e brilho se é entendida agonisticamente em relação às formas de poder que ameaçam limitá-la e restringi-la, e a que ela contesta. Não é necessária a noção de um sujeito essencial e estável fora das relações de poder – como se tal fosse possível – para afirmar a presença da vontade: a vontade é aquilo que é expresso e afirmado, que ilumina o céu escuro toda vez que o sujeito desobedece ao poder e age e pensa autonomamente em relação a ele.

O axioma da liberdade

Seguindo La Boétie, poderíamos dizer que a vontade está sempre presente, mesmo que às vezes seja mal direcionada: frequentemente queremos nossa própria servidão, mas isso significa que nossa própria liberdade é igualmente uma questão de vontade. A lição a ser aprendida é que a continuidade do poder e da dominação é inteiramente dependente e sustentada pela continuidade dessa vontade mal direcionada; o poder não tem continuidade ou consistência própria,

---

[42] Foucault, em uma entrevista sobre a revolução iraniana, enfatizou a importância da vontade na análise do poder e na resistência a ele, bem como na autoconstituição do sujeito: "Parece-me que não podemos fazer uma análise eficaz das relações de poder sem introduzir a questão da vontade... A vontade, eu diria, é o que, além de qualquer cálculo e interesse, e mesmo além dos desejos imediatos, pode dizer "eu prefiro a minha morte". E este é o julgamento da morte... Essa vontade não precisa ser irracional, nem precisa esvaziar o sujeito de seus desejos. Se quiser, podemos dizer que a vontade é o que fixa o sujeito em sua própria posição. A vontade é o puro ato do sujeito. E o sujeito é o que é fixado e determinado por essa vontade" (ver Foucault e Sassine, 1979).

mas necessita ser apoiado e reinstituído constantemente por aqueles que se submetem. Isso também traz consigo a alegre compreensão de que a liberdade é simplesmente uma questão de querer algo diferentemente, de nos afastarmos do poder e de nos investirmos em nossa própria autonomia; mais simples ainda, é uma questão de romper com certos padrões de comportamentos de obediência que sustentam o poder. Como diz La Boétie, "não é necessário privá-lo [o tirano] de nada, mas simplesmente não dar nada a ele; não há necessidade de que o país faça um esforço para fazer algo por si mesmo, desde que não faça nada contra si mesmo" (2008: 44). Neste sentido, a vontade pode às vezes ser expressa no sentido de não agir, ou de não agir mais de certas formas que reproduzem a submissão[43] – um tipo de "inação" radical que pode ser tão poderosa quanto a ação revolucionária[44].

---

[43] Na verdade, é surpreendente a maneira com que o Poder hoje constantemente elicia o nosso engajamento e nossa comunicação – desde pesquisas contínuas e grupos de foco até o uso generalizado de redes de mídia social para comunicação política e marketing comercial. Detecta-se um sentimento de desespero em tudo isso, à medida que o Poder, que depende, para se nutrir, de intermináveis ciclos de feedback e "opinião", é confrontado com uma audiência cada vez mais muda e indiferente – um sinal de esperança, talvez, de que as pessoas estão começando a dar as costas a este jogo de reconhecimento.

[44] Giorgio Agamben indica algo muito semelhante com sua noção de inoperatividade, a qual aponta para a possibilidade de um modo de vida sem função ou vocação, um modo de vida livre da categoria de "utilidade" (nos meus termos, uma vida ontologicamente anárquica), algo que – uma vez arrancado do poder e reivindicado para a política – desativa a máquina da *oikonomia* (ver Agamben, 2011: 166, 250-1). Ver também o trabalho de Agamben sobre São Paulo, em que ele propõe a noção de Stirner de *insurreição* como uma possível articulação – a "ético-anárquica" – do *como se não* paulino, entendido aqui como uma recusa da vocação ou, para ser mais preciso, como o tornar inoperante todas as vocações e identidades jurídico-fáticas (Agamben, 2005: 23).

A intuição chave aqui é a das possibilidades sempre presentes de liberdade. Isso se refere ao que chamo de *axioma de liberdade*: procuremos entender a liberdade não como um objeto a ser apreendido, um objetivo a ser alcançado, um projeto político a ser realizado ou um regime a ser aperfeiçoado – mas como um ponto ontológico de partida e uma condição axiomática para a ação humana. Mais uma vez, *começamos* com a liberdade ao invés de (necessariamente) terminarmos com ela; ou, antes, qualquer situação de liberdade relativa ou de não-liberdade em que nos encontramos não determina de forma alguma nossa liberdade ontológica[45]. As possibilidades de liberdade sempre existem, e a liberdade deve ser vista como o lado oculto radical de toda condição de dominação. Na medida em que se pode ser dominado, também se pode ser livre – assim como Jacques Rancière (1999) afirma que o fato da desigualdade verifica o seu oposto: o axioma da igualdade. É por isso que considero a noção de Stirner de propriedade atraente, esta tomada como a liberdade egoísta que sempre existe independentemente das condições externas. O escravo não é livre das correntes e golpes de seu mestre. Entretanto, retém um sentido de propriedade, de autopossessão, de modo que, na primeira oportunidade, pode se levantar e dominar seu mestre: "Que eu então me torne *livre* dele e de seu chicote é apenas a consequência de meu egoísmo antecedente" (Stirner, 1995: 143). Aqui, podemos dizer que há algo anterior a este momento de liberação, algo que o torna possível – e isto é a propriedade do escravo e o sentido de si mesmo como um ser autônomo indiferente às suas restrições externas.

---

[45] É por isso que Jean-Luc Nancy insiste que a liberdade não pode ser "uma questão"; ademais, "pensar a liberdade requer pensar não uma ideia, mas um fato singular" (1993: 165).

Portanto, se o pós-anarquismo é uma política de autonomia, esta não é uma forma de autonomia entendida como um ideal moral e racional, nem como uma condição objetiva, mas como uma certa relação que alguém tem e cultiva consigo mesmo, baseada na sempre presente potencialidade de liberdade. É o que permite não apenas a resistência ao poder, mas a invenção de relações alternativas e modos de vida autogovernáveis, que não trazem mais a marca do mercado e do Estado. Neste sentido, o pós-anarquismo não necessariamente assume uma forma específica, nem pode ser entendido em termos de instituições sociais e políticas particulares; em vez disso, deve ser associado a práticas e experimentos de vida abertos com relação às suas finalidades. A vantagem de pensar sobre a autonomia desta maneira é que ela não depende da implementação de um certo tipo de sociedade ou de um certo conjunto de instituições; isso seria confundir a autonomia com a "ideia fixa" que arrisca outro tipo de alienação. Em vez disso, a autonomia é algo que pode ser visto em práticas e relações que acontecem ao nosso redor. A tarefa do pensamento político radical é estar em sintonia com esse anarquismo do cotidiano. É, portanto, inútil especular sobre os contornos e os princípios de uma sociedade pós-anarquista, a não ser dizer que a liberdade e a autonomia são possíveis em qualquer situação ou arranjo social, assim como a dominação é possível em qualquer arranjo social. O pós-anarquismo resiste à sua própria totalização como forma ideal de sociedade - uma pólis ideal -, e está interessado em práticas de autonomia[46].

---

[46] Até agora, não desenvolvi muito nesta discussão as teorias do marxismo autônomo e do autonomismo. Isso não significa negligenciar a importância dessas tradições e movimentos nas formas contemporâneas de política radical – especialmente com relação à ação direta e à recusa de

Autonomia e democracia

Discuti anteriormente exemplos de práticas políticas contemporâneas e formas de associação que enxergo como indicativas de uma nova política de autonomia. O modo de política característico dos movimentos *Occupy*, por exemplo, ou em redes ativistas horizontais sugere uma forma de ação auto-organizada e autônoma que está fora das estruturas representativas do Estado. Há uma tentativa consciente aqui de criar um espaço para novas formas de interação, associação e de subjetivação política e ética. Contudo, meu objetivo não é apresentar esses exemplos como uma espécie de modelo prescritivo para uma política radical. Meu interesse é apenas quanto ao potencial das práticas e formas de comunidade autônoma e de subjetividade que parecem propor.

Inevitavelmente, contudo, ao invocar essas formas particulares de política, a questão da democracia aparece. Movimentos contemporâneos, como o *Occupy*, oferecem muitos exemplos de inovação democrática modelada na democracia participativa. Muitos olharam para o *Occupy* e outros movimentos contemporâneos como uma resposta para o déficit democrático de nossos tempos, fornecendo um fórum diretamente democrático – com assembleias populares, evocando a ideia da ágora ateniense – onde todas as vozes podem ser ouvidas e todas as opiniões e perspectivas endereçadas. É claro que não discordo disso: a inovação democrática do *Occupy* foi uma de suas características mais mar-

---

formas hierárquicas e representativas de política –, ou seus muitos pontos de convergência com o anarquismo e o pós-estruturalismo. Meu objetivo, contudo, foi de desenvolver uma abordagem ligeiramente diferente da política autonomista, uma que não está fundamentada em noções de poder de classe e sua relação com a dinâmica do sistema capitalista, mas, antes, na concepção filosófica de anarquia ontológica.

cantes e importantes, e ofereceu um modelo infinitamente mais desejável e legítimo de política democrática do que nossos processos representativos decrépitos e oligárquicos. Tivemos um vislumbre, pela primeira vez em muitos anos, do que uma verdadeira democracia participativa poderia ser, em total contraste com a insuportável desigualdade e tirania de nossas instituições liberais-democráticas formais. Em verdade, é bastante possível que esses movimentos e convergências democráticas recentes tenham desencadeado algo como uma revolução democrática mundial, com a ascensão à proeminência de partidos de política radical como o Podemos e Syriza[47], que surgiram ou foram galvanizados por esses fóruns democráticos alternativos. Contudo, a política autônoma e pós-anarquista hoje não é, a meu ver, redutível à democracia – e se olhamos apenas para os mecanismos democráticos dos movimentos contemporâneos, estaremos perdendo o que é vital sobre eles. Em verdade, ao invés de ver novas formas de ativismo descentralizado – e aqui eu falo não apenas do *Occupy*, mas também de redes marginais de resistência, como o *Anonymous* – inteiramente em termos de sua qualidade democrática, prefiro vê-las como formas de singularização e de inservidão voluntária. Tão impressionante quanto seus procedimentos democráticos meticulosos é seu gesto de desobediência e desafio diante do poder; ou, antes, a maneira em que, nos moldes da insurreição de Stirner, aqueles que participam dessas formas de política descobrem e promovem sua liberdade ontológica, agindo como se o poder não existisse mais. Em outras palavras, há uma expressão aqui de um tipo de autoafirma-

---

47 O Podemos é um partido político espanhol fundado em 2014 e o Syriza é um partido político grego fundado em 2004, ambos advindos de movimentos de esquerda. [NT]

ção, ao mesmo tempo coletiva e altamente individualista; podemos chamá-la de política da propriedade, em que a soberania de vontades e desejos particulares, intensificada por meio da interação com outros, afirma sua absoluta indiferença ao poder. Podemos pensar nisso como uma demonstração da não-existência do poder. Assim como os cínicos, aqueles anarquistas originais, profanaram e perturbaram a ágora ateniense por meio de sua vida parresiástica[48], e tal como os proletários de Sorel se afirmaram em sua liberdade e egoísmo alegre ocupando os meios de produção, as singularidades hoje esculpem um plano autônomo de vida e de experiência. Devemos pensar nos movimentos de Ocupação e resistência hoje, além de seu potencial democrático, como precisamente uma encenação da vida autônoma.

É necessário, então, refletir sobre a relação entre autonomia e democracia. Talvez possamos dizer que a democracia é uma condição necessária, ainda que não suficiente, para a autonomia. Como Cornelius Castoriadis (1991), reconheço uma conexão entre democracia direta, enquanto forma de sociedade auto-instituída, e autonomia política. Contudo, também argumentaria que a política democrática, em qualquer forma, não exaure em nenhum sentido nosso entendimento da autonomia e deveria ser vista apenas como uma matriz possível da política e da ética autônomas. Como os anarquistas já reconheceram, a democracia, mesmo do tipo direto, pode representar uma ameaça à autonomia do

---

48 Como Foucault diz sobre o filósofo cínico, o tema da vida soberana é transformado na "vida de batalha e luta contra si mesmo, contra e pelos outros" (2011: 283). Maurizio Lazzarato (2014) também desenvolve o argumento de Foucault de que a questão da diferenciação ética e da subjetivação colocada pela parresía cínica atravessa o princípio da igualdade democrática.

indivíduo[49]. Na medida em que a democracia é uma forma de soberania popular, esta implica uma subordinação do indivíduo não simplesmente à vontade da maioria, mas a uma ideia fixa abstrata e alienante, uma coletividade espectral que está fora do poder do indivíduo. Se é uma democracia direta, ainda assim ela se constitui como um regime totalizante de poder – uma forma de Estado – que subordina a vontade própria do indivíduo a uma vontade alheia. Como afirma Stirner: "Estamos acostumados a classificar os Estados de acordo com as diferentes maneiras em que 'o poder supremo' é distribuído. Se um indivíduo o tem – monarquia; se todos o têm – democracia; etc. O poder supremo, então! Poder contra quem? Contra o indivíduo e sua vontade própria" (1995: 176). A vontade democrática de todos não necessariamente garante a autonomia do indivíduo e pode facilmente trabalhar contra ela. A soberania democrática e a autonomia são, portanto, dois princípios muito diferentes: o primeiro é coletivista e absorve o indivíduo no corpo espectral do Povo, que tende a ser uma figura da soberania do Estado; o segundo é singular e incorpora a possibilidade de diferenças éticas e políticas que podem, por vezes, ir contra a vontade do Povo. Nietzsche pode considerar isso como um princípio aristocrático que resiste à moralidade escrava do igualitarismo democrático. Prefiro pensar nisso – seguindo Stirner e evitando qualquer tipo de nostalgia nietzschiana pela cultura aristocrática – como um princípio "egoísta" que está disponível para todos e não é necessariamente incom-

---

49 Robert Paul Wolff (1970: 71) argumenta que a conclusão do anarquismo filosófico é que a autonomia – que ele, no entanto, entende em um sentido moral kantiano – é, em última análise, irreconciliável com virtualmente todas as formas de governo, e que os governos democráticos não impõem um senso maior de obrigação e legitimidade do que outros tipos.

patível com a igualdade democrática, mas que, no entanto, abre um horizonte diferente: aquele de uma autotransformação ética e política. Essa ideia de autonomia como diferenciação ética é também como podemos entender a insistência de Sorel de que os proletários se distingam dos valores e modos burgueses de política e desenvolvam seus próprios valores aristocráticos de heroísmo e ascetismo. Neste sentido, o anarquismo frequentemente foi descrito como uma *aristocracia de todos*, ao invés de uma democracia.

Tal como acontece com o princípio dos valores aristocráticos, há uma clara dimensão *agonística* na política pós-anarquista; uma contestação ética das relações externas de domínio, e também dentro de cada um de nós e contra nossas próprias tendências de nos submetermos. A autodisciplina ética e as práticas de propriedade são os temas-chave aqui. Contudo, devemos deixar claro que esse agonismo ético tem pouco a ver com a noção de democracia agonística, ao menos como é elaborada por aqueles como Chantal Mouffe. Enquanto, para Mouffe, a dimensão conflituosa é central para sua compreensão da política – em oposição às concepções deliberativas e liberais nas quais a obtenção de um consenso por meio do cumprimento de certos procedimentos e a adesão a normas racionais é o resultado pressuposto – e enquanto afirma, como eu, a contingência da ordem social como seu ponto de partida ontológico, ela, no entanto, tira disso conclusões políticas muito diferentes, ou seja, que o único princípio possível da política é o Estado soberano, e o único meio possível de expressão é a representação e a construção hegemônica de um projeto de poder (ver Mouffe, 2013). Porém, essa concepção de política agonística negligencia uma forma de agonismo muito mais fundamental – entre movimentos e práticas autônomas, por um lado, e o próprio princípio do Estado soberano, por outro. Como sugeri, práticas de auto-organização, enquanto possam ser falhas e problemáticas, devem ser vistas como tentativas de construir um espaço autônomo de vida política, que, em si mesmo, já é uma declaração de guerra contra a ordem vigente. Descartar tais gestos e práticas como não--políticas, como Mouffe faz, é recusar-se a ver sua dimensão genuinamente agonística. Então, o pós-anarquismo, como uma forma de anarquismo agonístico, realoca a dimensão do "político" da ordem ontológica do Estado, em que o político é regulado e policiado (em que a política se torna sinônimo de poder), para o mundo dissidente das práticas e movimentos contemporâneos que buscam autonomia fora dessa ordem. O agonismo, para mim, é inextricável à ideia de autonomia. Mas devemos reverter o entendimento da "autonomia do político" apresentado por Mouffe e outros, para quem a especificidade da política sempre se refere às lutas pelo poder do Estado soberano. Em vez disso, eu diria que, se ela significa alguma coisa atualmente, a autonomia do político significa a política da autonomia.

O desafio central para a política radical hoje não é desenvolver melhores procedimentos e canais para deliberação democrática; não é fazer da democracia um fetiche. Ao contrário, é pensar o coletivo com e através do indivíduo, pensar em formas de associação e comunidade que, ao mesmo tempo, não eclipsam projetos singulares de propriedade e autotransformação ética, mas que, pelo contrário, são intensificados por essas diferenças. Como sugeri no capítulo 2, a noção paradoxal de Stirner da "união de egoístas" pode fornecer algumas respostas aqui, ou ao menos abrir esta questão como o horizonte impossível, mas necessário, da política radical. O que me parece genuinamente inovador em muitos movimentos contemporâneos – e aqui novamente o *Occupy* é exemplar – são as formas abertas e rizomáticas de associação que oferecem, as quais são de um tipo muito diferente das instituições estatais formais, bem como de partidos políticos e tradicionais organizações trabalhistas, os quais são modelos de associação do passado. Porque as associações rizomáticas contemporâneas não estão investidas no projeto de busca de poder ou de comunicação de interesses pelos canais democráticos usuais, porque estão mais preocupadas em promover relações e práticas autônomas entre singularidades, estas têm uma estrutura inteiramente diferente. É por isso que não penso que seja apropriado aplicar o modelo gramsciano de política hegemônica aqui[50]. Em vez de tentar construir um Povo para tomar o controle do poder estatal – um projeto que pode ser alcançado apenas por meio de representantes que acabam alienando "o Povo" de seu próprio poder –, a política radical hoje afirma uma soberania de indiferença ao poder.

O horizonte pós-anarquista

O que significa ser indiferente ao poder? Não significa ignorar os efeitos do poder, mas reconhecer que o próprio poder não tem consistência ou substância, que é uma entidade oca, um "fantasma", nas palavras de Stirner, e que seu domínio sobre nós é ilusório. Significa que não há nada para se apegar e nada para se temer, e que o projeto de tomada

---

[50] Refiro-me principalmente às teorias de democracia radical de Laclau e de Mouffe, para quem o projeto hegemônico de construir alianças entre diferentes identidades e interesses a fim de preencher o lugar simbolicamente vazio do poder é a tarefa central da política democrática (ver Laclau e Mouffe, 1985).

do poder é tanto uma forma de auto-abandono quanto uma forma de submissão. É reconhecer que o Poder é criado por nós, e pode facilmente ser "descriado", também por nós. É agir como se o poder não existisse mais e viver em um mundo que não é mais determinado por seu princípio ontológico. O pós-anarquismo, colocado de maneira simples, é uma forma de política e ética baseadas na indiferença ao Poder.

A aposta deste livro é que as placas tectônicas de nossa época estão mudando, que instituições e princípios familiares e outrora hegemônicos – tanto econômica quanto politicamente – nos parecem cada vez mais vazios e sem vida, de tal forma que o segredo da não-existência do Poder está sendo revelado. Se isso pode ser explicado como o fechamento epocal da metafísica, como os heideggerianos consideram, ou como o fim da metanarrativa, como os pós-modernos sustentam, não pode ser entendido separadamente da redescoberta da vontade e da afirmação das possibilidades de vida autônoma. É claro, este momento apresenta muitos perigos, dentre os quais não é o menor de todos o desejo de restaurar o princípio de autoridade, de preencher o seu lugar vazio com novas e aterrorizantes proliferações do poder. Nenhum projeto político radical pode se assegurar de estar a salvo dessa tentação eterna. Ao mesmo tempo, a condição ontologicamente anárquica, que se revela cada vez mais para nós, nos apresenta um horizonte aberto para o pensamento e a ação política criativos. A tarefa da política radical hoje não é de estabelecer uma nova hegemonia sobre esse horizonte vazio, mas cultivar e afirmar as formas de vida e as práticas de liberdade que já a tornam visível.

Bibliografia

Agamben, G. (1993) *The Coming Community*, trans. M. Hardt. Minneapolis: University of Minnesota Press.

_____. (1998) *Homo sacer: Sovereign Power and Bare Life*, trans. D. Heller-Roazen. Stanford, CA: Stanford University Press.

_____. (2000) *Means without End: Notes on Politics*, trans. V. Binetti and C. Casarino. Minneapolis: University of Minnesota Press.

_____. (2005) *The Time that Remains: A Commentary on the Letter to the Romans*, trans. P. Dailey. Stanford, CA: Stanford University Press.

_____. (2009) *What is an Apparatus?*, trans. D. Kishik and S. Pedatella. Stanford, CA: Stanford University Press.

_____. (2011) *The Kingdom and the Glory: For a Theological Genealogy of Economy and Government* (*Homo sacer* II, 2), trans. L. Chiesa. Stanford, CA: Stanford University Press.

Arendt, H. (1999) *The Human Condition*. Chicago: University of Chicago Press.

_____. (2009) *On Revolution*. Rev. edn, London: Penguin.

Badiou, A. (2009) *Logics of Worlds: Being and Event*, 2, trans. Alberto Toscano. London: Continuum.

Bakunin, M. (1950) *Marxism, Freedom and the State*, trans. K. J. Kenafick. London: Freedom Press.

_____. (1953) *Political Philosophy of Mikhail Bakunin: Scientific Anarchism*, ed. G. P. Maximoff. London: Free Press of Glencoe.

Benjamin, W. ([1921] 1996) 'Critique of Violence', in *Walter Benjamin 1913–1926*, Vol. 1: *Selected Writings*, ed. M. Bullock and M. W. Jennings. Cambridge, MA: Belknap Press, pp. 236–52.

Berardi, F. (2009) *The Soul at Work: From Alienation to Autonomy*. Los Angeles: Semiotext(e).

_____. (2012) *The Uprising: On Poetry and Finance*. Los Angeles: Semiotext(e).

Bey, H. (1991) *T.A.Z.: The Temporary Autonomous Zone, Ontological Anarchy, Poetic Terrorism*. Brooklyn, NY: Autonomedia.

Bonanno, A. (1988) *From Riot to Insurrection: Analysis for an Anarchist Perspective against Post-Industrial Capitalism*, http://theanarchistlibrary.org/library/alfredo-m-bonanno-fromriot-

-to-insurrection-analysisfor-an-anarchist-perspective-againstpost.

Bookchin, M. (1982) *The Ecology of Freedom: The Emergence and Dissolution of Hierarchy*. Palo Alto, CA: Cheshire Books.

Brown, W. (1995) *States of Injury: Power and Freedom in Late Modernity*. Princeton, NJ: Princeton University Press.

Castoriadis, C. (1991) *Philosophy, Politics, Autonomy: Essays in Political Philosophy*, trans. and ed. D. A. Curtis. Oxford: Oxford University Press.

Caygill, H. (2013) *On Resistance: A Philosophy of Defiance*. London: Bloomsbury.

Clastres, P. (2010) *Archaeology of Violence*, Cambridge, MA: MIT Press.

Dean, J. (2010) *Blog Theory: Feedback and Capture in the Circuits of the Drive*. Cambridge: Polity.

———. (2012) *The Communist Horizon*. London: Verso.

Deleuze, G. (1992) 'Postscript on the Societies of Control', *October*, 59 (winter): 3–7.

Deleuze, G., and Guattari, F. (2004) *A Thousand Plateaus: Capitalism and Schizophrenia*, trans. B. Massumi. London: Continuum.

Deleuze, G., and Negri, A. (1995) 'Control and Becoming', in G. Deleuze, *Negotiations*. New York: Columbia University Press, pp. 169–76.

Ellul, J. (1965) *The Technological Society*, trans. J. Wilkinson. London: Jonathan Cape.

Flathman, R. E. (1998) *Reflections of a Would-Be Anarchist: Ideals and Institutions of Liberalism*. Minneapolis: University of Minnesota Press.

———. (2003) *Freedom and its Conditions: Discipline, Autonomy, and Resistance*. New York: Routledge.

Foucault, M. (1981) *The Will to Knowledge: The History of Sexuality*, Vol. 1, trans. R. Hurley. London: Penguin.

———. (1988) 'Truth, Power, Self: An Interview with Michel Foucault' (October 25), in *Technologies of the Self: A Seminar with Foucault*, ed. L. H. Martin, H. Gutman and P. H. Hutton. London: Tavistock, pp. 9–15.

———. (1991) *Discipline and Punish: The Birth of the Prison*, trans. A. Sheridan. London: Penguin.

———. (1996) 'What is Critique?', trans. K. P. Geiman, in *What is Enlightenment? Eighteenth-Century Answers and Twentieth-Century Questions*, ed. J. Schmidt. Berkeley: University of California Press, pp. 382–98.

———. (2000a) '*Omnes et singulatim*: Toward a Critique of Political Reason', in *Power: Essential Works of Foucault 1954–1984*, ed. J. Faubion, trans. R. Hurley et al. London: Penguin, pp. 298–325.

———. (2000b) 'The Subject and Power', in *Power: Essential Works of Foucault 1954–1984*, ed. J. Faubion, trans. R. Hurley et al. London: Penguin, pp. 326–48.

———. (2000c) 'The Ethics of the Concern for the Self as a Practice of Freedom', in *Ethics: Essential Works of Foucault 1954–1984*, Vol. 1, ed. P. Rabinow, trans. R. Hurley et al. London: Penguin, pp. 281–302.

———. (2008) *The Birth of Biopolitics: Lectures at the Collège de France 1978–1979*, ed. M. Senellart, trans. G. Burchell. Basingstoke: Palgrave Macmillan.

———. (2011) *The Courage of Truth (The Government of Self and Others II): Lectures at the Collège de France, 1983–1984*, trans. G. Burchell. Basingstoke: Palgrave Macmillan.

———. (2014) *On the Government of the Living: Lectures at the Collège de France 1979–80*, ed. M. Senellart, trans. G. Burchell. Basingstoke: Palgrave Macmillan.

Foucault, M., and Sassine, F. (1979) 'Entretien inédit avec Michel Foucault', http://fares-sassine.blogspot.fr/2014/08/entretieninedit-avec-michel-foucault.html.

Freud, S. (1955) 'Group Psychology and the Analysis of the Ego', *The Standard Edition of the Complete Psychological Works of Sigmund Freud*, trans. J. Strachey, Vol. XVIII: *1920–1922*, London: Hogarth Press, pp. 67–143.

Godwin, W. (1968) *Anarchist Writings*, ed. P. Marshall. London: Freedom Press.

Graeber, D. (2002) 'The New Anarchists', *New Left Review* 13 (Jan–Feb): 61–73.

———. (2004) *Fragments of an Anarchist Anthropology*. Chicago: Prickly Paradigm Press.

Hardt, M., and Negri, A. (2001) *Empire*. Cambridge, MA: Harvard University Press.

Hessel, S. (2011) *Time for Outrage!*, trans. D. Searls with A. Arrikha. London: Quartet Books.

Illich, I. (1985) *Tools for Conviviality*. London: Boyars.

Invisible Committee (2009) *The Coming Insurrection*. Los Angeles: Semiotext(e).

Kant, I. (1963) *Critique of Practical Reason*, trans. T. K. Abbot. London: Longmans.

_____. (1991a) 'Theory and Practice: Part II', in *Political Writings*, ed. H. Reiss. Cambridge: Cambridge University Press, pp. 73–87.

_____. (1991b) 'What is Enlightenment?', in *Political Writings*, ed. H. Reiss. Cambridge: Cambridge University Press, pp. 54–60.

Kropotkin, P. (1972) *Mutual Aid: A Factor of Evolution*, ed. P. Avrich. New York: New York University Press.

_____. (1987) *The State: Its Historic Role*. London: Freedom Press.

La Boétie, E. de (2008) *The Politics of Obedience: The Discourse of Voluntary Servitude*, trans. H. Kurz, ed. M. Rothbard. Auburn, AL: Ludwig von Mises Institute.

Laclau, E. (2005) *On Populist Reason*. London: Verso.

Laclau, E., and Mouffe, C. (1985) *Hegemony and Socialist Strategy: Towards a Radical Democratic Politics*, trans. W. Moore and P. Cammack. London: Verso.

Landauer, G. (2010) 'Weak State, Weaker People', *Revolution and Other Writings: A Political Reader*, ed. and trans. G. Kuhn. Oakland, CA: PM Press, pp. 213–14.

Lazzarato, M. (2014) *Signs and Machines: Capitalism and the Production of Subjectivity*, trans. J. D. Jordan. Los Angeles: Semiotext(e).

Lechte, J., and Newman, S. (2013) *Agamben and the Politics of Human Rights: Statelessness, Images, Violence*. Edinburgh: Edinburgh University Press.

Lefort, C. (1988) *Democracy and Political Theory*. Cambridge: Polity.

Lyotard, J.-F. (1991) *The Postmodern Condition: A Report on Knowledge*, trans. G. Bennington and B. Massumi. Manchester: Manchester University Press.

Martínez-Alier, J., Pascual, U., Vivien, F.-D., and Zaccai, E. (2010) 'Sustainable De-growth: Mapping the Context, Criticisms and Future Prospects of an Emergent Paradigm', *Ecological Economics* 69: 1741–7.

Mouffe, C. (2013) *Agonistics: Thinking the World Politically*. London: Verso.
Nancy, J.-L. (1991) *The Inoperative Community*, ed. and trans. P. Connor et al. Minneapolis: University of Minnesota Press.
_____. (1993) *The Experience of Freedom*, trans. B. McDonald. Stanford, CA: Stanford University Press.
_____. (2000) 'Being Singular Plural', in *Being Singular Plural*, trans. R. D. Richardson and A. E. O'Byrne. Stanford, CA: Stanford University Press.
Negri, A. (1999) *Insurgencies: Constituent Power and the Modern State*, trans. M. Boscagli. Minneapolis: University of Minnesota Press.
Newman, S. (2001) *From Bakunin to Lacan: Anti-Authoritarianism and the Dislocation of Power*. Lanham, MD: Lexington Books.
_____. (2011) *Max Stirner*. Basingstoke: Palgrave Macmillan.
Rancière, J. (1999) *Disagreement: Politics and Philosophy*, trans. J. Rose. Minneapolis: University of Minnesota Press.
Rawls, J. (1999) *A Theory of Justice*. Rev. edn, Cambridge, MA: Harvard University Press.
Reich, W. (1970) *The Mass Psychology of Fascism*, ed. M. Higgins and C. M. Raphael. New York: Farrar.
Rousseau, J.-J. (1987) 'Discourse on the Origin of Inequality', in *Basic Political Writings*, trans. D. A. Cress. Indianapolis: Hackett, pp. 25–81.
Schmitt, C. (1996) *The Concept of the Political*, trans. G. Schwab. Chicago: University of Chicago Press.
Schürmann, R. (1986) 'On Constituting Oneself an Anarchist Subject', *Praxis International* 6(3): 294–310.
_____. (1987) *Heidegger on Being and Acting: From Principles to Anarchy*, trans. C.-M. Gros. Bloomington: Indiana University Press.
Sorel, G. ([1908] 1961) *Reflections on Violence*, trans. T. E Hulme and J. Roth. New York: Collier Books.
Stirner, M. (1995) *The Ego and its Own*, ed. David Leopold, trans. S. Byington. Cambridge: Cambridge University Press.
Vaccaro, S. (2013) 'Critique of Static Ontology and Becoming Anarchy', trans. J. Cohn, *Anarchist Developments in Cultural Studies* 2: 121–37.
Wolff, R. P. (1970) *In Defense of Anarchism*. Berkeley: University of California Press.
Žižek, S. (2008) *Violence: Six Sideways Reflections*. New York: Picador.

a insurreição é caracterizada
não por uma luta pelo poder,

mas, ao contrário, pela luta
por uma vida autônoma.

Sobre o coordenador da coleção:
Lucas Piccinin Lazzaretti é doutor em filosofia pela Pontifícia Universidade Católica do Paraná (PUC-PR), tendo sido visiting scholar na Hong-Kierkegaard Library no St. Olaf College em 2014 e 2017, e Fellow para entre 2018/2019, em conjunto com a sobinfluencia edições.

Sobre o autor:
Saul Newman é professor de Teoria Política na Goldsmiths, Universidade de Londres. Trabalha na área da teoria política continental aplicada a um estudo das formas contemporâneas de política radical. Ele cunhou o termo "pós-anarquismo" para descrever novas formas de ativismo político contra o Estado.

A **Coleção Rastilho** é um processo editorial que pretende costurar o pensamento que tem se desenvolvido em torno do anarquismo contemporâneo, curando, traduzindo e editando minuciosamente um elo de formação radical aberto à paixão e ao exercício insurgente da vida.

A sobinfluencia propõe, com essa coleção, a ignição de um rastro de pólvora que teve início muito antes de nosso tempo, questionando sua linearidade e inflamando as lições coletivas tecidas pelo pensamento anarquista através da prática de liberdade e responsabilidade com o pensamento presente.

© sobinfluencia para a presente edição
©Saul Newman, 2016, Polity Press

COORDENAÇÃO EDITORIAL
Fabiana Vieira Gibim, Rodrigo Corrêa,
Gustavo Racy e Alex Peguinelli.

TRADUÇÃO E ORGANIZAÇÃO DA COLEÇÃO
Lucas Lazzaretti

PREPARAÇÃO
Alex Peguinelli

REVISÃO
Gustavo Racy e Fabiana Gibim

PROJETO GRÁFICO
Rodrigo Corrêa

Dados Internacionais de Catalogação na Publicação (CIP)
de acordo com ISBD

N551d   Newman, Saul

   Do anarquismo ao pós-anarquismo / Saul Newman ; traduzido por Lucas Lazzaretti. - São Paulo : sobinfluencia edições, 2022.

   184 p. : 13cm x 21cm. – (Coleção Rastilho)
   Inclui bibliografia.
   ISBN: 978-65-84744-05-9

   1. Filosofia. 2. Filosofia contemporânea. 3. Política. 4. Anarquismo.
   I. Lazzaretti, Lucas. II. Título. III. Série.

2022-1158   CDD 100
                                                 CDU 1

Elaborado por Vagner Rodolfo da Silva - CRB-8/9410

Índice para catálogo sistemático:
Filosofia 100
Filosofia 1

---

sobinfluencia.com

Este livro é composto pelas fontes minion pro e neue haas grotesk display pro e foi impresso pela Graphium no papel pólen soft 80g, com uma tiragem de 1.000 exemplares